Mädchen oder Junge?

ECON Ratgeber
Gesundheit

Dr. med. Landrum B. Shettles
David M. Rorvik

Mädchen oder Junge?

So bestimmen Sie das Geschlecht Ihres Babys vor der Zeugung

ETB
ECON Taschenbuch Verlag

Dieses Buch ist allen Eltern und zukünftigen Eltern gewidmet sowie der zunehmenden Zahl von Ärzten und Forschern, die sich unserer Überzeugung anschließen, daß die Technologie der »Geschlechtswahl« einen Beitrag zu glücklicheren Familien und einer gesünderen Gesellschaft leisten kann.

Anmerkung zur Zusammenarbeit:
Um Verwirrung der Leser durch die Bezugnahme auf Dr. Shettles in der dritten Person zu vermeiden, sei darauf hingewiesen, daß David M. Rorvik Verfasser des Textes ist und Dr. Shettles die medizinische Erfahrung und Sachkenntnis lieferte.

CIP-Kurztitelaufnahme der Deutschen Bibliothek

Shettles, Landrum B.:
Mädchen oder Junge?: So bestimmen Sie d. Geschlecht Ihres Babys
vor d. Zeugung/Landrum B. Shettles; David M. Rorvik.
[Aus d. Amerikan. übers. von Susanne Keller].
Dt. Erstausg. – Düsseldorf: ECON Taschenbuch Verlag, 1987.
(ETB 20302; ECON Ratgeber: Lebenshilfe)
Einheitssacht.: How to choose the sex of your baby (dt.)
ISBN 3-612-20302-9

Lizenzausgabe

ECON Taschenbuch Verlag GmbH, Düsseldorf
Juli 1987
© 1984 by Landrum B. Shettles and David M. Rorvik
Titel des englischen Originals:
»How to Choose the Sex of Your Baby«
Umschlagentwurf: Ludwig Kaiser
Titelfoto: Photo-Design-Studio Gerhard Burock
Aus dem Amerikanischen übersetzt von Susanne Keller
Satz: Formsatz GmbH, Diepholz
Druck und Bindearbeiten: Ebner Ulm
Printed in Germany
ISBN 3-612-20302-9

Inhalt

Können wir? Sollen wir?

Ist es wirklich möglich?
Ja!

Tausende von Paaren haben Dr. Shettles schon diese Frage gestellt: »Ist es wirklich möglich, das Geschlecht unseres nächsten Kindes zu wählen?« Er antwortet darauf ohne Zögern: »Ja, auf jeden Fall. Wenn man berücksichtigt, daß unsere jetzigen Methoden keineswegs unfehlbar sind, so erhöhen sie die Wahrscheinlichkeit, daß Sie ein Kind des gewünschten Geschlechts bekommen, von 50 Prozent (wenn Sie nichts tun) auf mindestens 75 Prozent.«
An späterer Stelle in diesem Buch wird gezeigt werden, daß einige Forscher kürzlich mit der Shettles-Methode sogar Ergebnisse von etwa 90 Prozent erzielt haben.

Welche Beweise gibt es?
Die nächste Frage lautet: Welche Beweise stützen Dr. Shettles' Theorie der Geschlechtswahl?
Es gibt zwei Arten des Beweises. Die eine ist anekdotisch und besteht aus den Berichten Tausender Menschen, die angaben, mit der Methode erfolgreich gewesen zu sein. Solch anekdotischer Nachweis ist kein wissenschaftlicher Beleg, kann aber dennoch oft sehr nützlich und aussagekräftig sein. Das ist ins-

besondere der Fall, wenn in einer großen Zahl der Fälle Paare mit drei, vier oder mehr Kindern desselben Geschlechts beim ersten Versuch mit der Shettles-Methode endlich ein Kind des anderen Geschlechts bekommen.

Das anekdotische Material, das Dr. Shettles' Methode stützt, ist von überwältigender Beweiskraft. Wie schon gesagt, handelt es sich dabei jedoch nicht um einen wissenschaftlichen Beweis. Vor mehreren Jahren erschien ein Buch, in dem die Autorin eine Methode der Vorausbestimmung des Geschlechts vorschlug, die der von Dr. Shettles in vielen Punkten widersprach. Zum Teil enthielt es genau entgegengesetzte Empfehlungen. (Dieses Buch wird an späterer Stelle, nämlich bei der Untersuchung anderer Methoden, noch eingehender besprochen.) Hier sei zunächst nur erwähnt, daß die Autorin des Buches in ihrer Einleitung fälschlicherweise behauptet, daß sich die Shettles-Methode ausschließlich auf anekdotischen Beweis stütze. »Die einzige Möglichkeit festzustellen, ob eine Methode der Geschlechtswahl wirklich erfolgreich sei«, heißt es da, »besteht darin, erstens eine große Zahl von Paaren zur Mitwirkung heranzuziehen, die zuvor das gewünschte Geschlecht angeben, und zweitens, indem das jeweilige tatsächliche Geschlecht festgehalten wird – vorausgesetzt, die Eltern haben sich genau an die vorgegebenen Anweisungen gehalten . . . Allein diese Form von Beweis ist glaubwürdig.«

In diesem Punkt stimmen wir zu (und wünschten nur, die Autorin selbst hätte sich von solcher Beweisführung leiten lassen). Im Verlauf dieses Buches werden wir zeigen, daß die Shettles-Methode aufgrund eben dieser Form wissenschaftlichen Nachweises besser belegt ist als alle anderen heute angewandten Methoden. Kurz, es ist die einzige Methode, die sich auf derart zuverlässige wissenschaftliche Ergebnisse stützen kann, die von unabhängigen Forschern überall auf der Welt erstellt worden sind.

Es sei außerdem darauf hingewiesen, daß sich die Shettles-Methode länger halten konnte als alle anderen derzeit üblichen Methoden. Die Tatsache, daß sie, statt Anhänger und Befürworter zu verlieren, im Gegenteil immer mehr hinzugewonnen hat, spricht für sich. Keine Methode zur Vorausbestimmung des Geschlechts kann von Dauer sein, wenn sie keine »zufriedenen Kunden« hat. Nicht nur Laien, sondern auch eine wachsende Anzahl Mediziner und wissenschaftlicher Forscher können nicht umhin, Dr. Shettles' Theorie der Geschlechtswahl Anerkennung zu zollen.

Dr. Shettles begann mit der Entwicklung seiner Methoden Anfang der 60er Jahre und hat sie seither immer weiter verbessert. Dieses ist unser drittes und bei weitem umfangreichstes Buch zu diesem Thema. Es enthält den neuesten Stand der Methode im besonderen und der wissenschaftlichen Erkenntnisse zur Vorausbestimmung des Geschlechts im allgemeinen. Wir sind sicher, daß dieses Buch die Anwendung der Shettles-Methode noch einfacher macht und gleichzeitig über andere Methoden Aufschluß gibt, von denen manche zumindest teilweise Gültigkeit haben, was bei anderen, wie wir meinen, jedoch nicht zutrifft.

Wie alles anfing
Wie kam es, daß Dr. Shettles sich mit der Erforschung der Geschlechtswahl beschäftigte?

Zunächst einmal betrat er dieses neue Feld nicht mit der Vorstellung, abstrakte Wissenschaft zu betreiben. Es ging ihm vielmehr ausschließlich darum, nach Möglichkeit seinen vielen enttäuschten Patienten zu helfen, die kein Kind mit dem Geschlecht ihres Wunsches bekommen konnten. Immer wieder kamen Ehepaare mit immer dem gleichen Problem zu ihm: Sie hatten bereits zwei, drei oder mehr Kinder desselben Geschlechts und wünschten sich sehnlichst ein Kind des anderen Geschlechts. In einigen Fällen würden es solche Paare zweifellos so lange »weiter versuchen«, bis sie Erfolg hätten, auch wenn sie bereits mehr Kinder hatten, als sie wollten oder sich leisten konnten.

Schon vor vielen Jahren erkannte Dr. Shettles, daß, wenn es gelänge, eine erfolgreiche Methode der Geschlechtsvorausbestimmung zu finden, dadurch nicht nur Paaren und Familien in ihrer Not geholfen würde, sondern auch die Gesellschaft als

Ganzes davon profitieren könnte. Wenn es Paaren ermöglicht würde, mit einem Minimum an »Versuchen« eine geschlechtlich ausgewogene Familie zu werden, so könnte, überlegte Dr. Shettles, aller Wahrscheinlichkeit nach das Bevölkerungswachstum, das immer mehr zur Bedrohung für die Gesellschaft wird, zu einem gewissen Grad gebremst werden. Die meisten Eltern oder zukünftigen Eltern äußerten Dr. Shettles gegenüber, daß sie sich immer 2 Kinder gewünscht hatten – ein Mädchen und einen Jungen. Könnten sie diesen Wunsch verwirklichen, so würden sie ihre Familie als vollständig betrachten.

Gelang es Eltern nicht, das Idealgleichgewicht »ein Junge – ein Mädchen« zu erreichen oder überhaupt Kinder beiderlei Geschlechts zu zeugen, so bewirkte das Dr. Shettles' Beobachtungen zufolge oft eine ebenso starke seelische Belastung wie bei Patienten mit Unfruchtbarkeit – Paaren also, die bis dahin *gar keine* Kinder bekommen konnten.

Da Dr. Shettles eine Autorität auf dem Gebiet Unfruchtbarkeit und menschliche Fortpflanzung ist, kamen viele Paare zu ihm, die sich keinen anderen Rat mehr wußten. Er hörte viele Klagen über gleichgültige, wenig zartfühlende Ärzte, die unfruchtbaren Paaren mitunter kaltblütig entgegneten, es gebe ohnehin schon zu viele Babys, und bei Familien mit unausgewogenen Geschlechtern die Ansicht vertraten, sie sollten froh sein, überhaupt Kinder zu haben.

Solche Argumente mögen auf einer allgemeinen und abstrakten Ebene ihre Berechtigung haben. Dr. Shettles hat seine Patienten jedoch nie als abstrakte Fälle betrachtet, noch mochte er sie mit Gemeinplätzen abspeisen. Sie sind Individuen mit ganz persönlichen Problemen und Bedürfnissen. Individuelle Probleme verdienen auch eine ganz individuelle Lösung.

So schien Dr. Shettles, daß nichts näherläge, als seinen Erfindungsreichtum, mit dessen Hilfe er schon verschiedene Fälle von Unfruchtbarkeit gelöst hatte, auch am Problem der Geschlechterwahl zu erproben. Er wollte alles versuchen, was Erfolg versprach, und sich dabei ganz von praktischen Überlegungen leiten lassen. Ihm war gleichgültig, ob seine Kollegen sein Vorgehen für »üblich« oder »angemessen« hielten. Wenn seine Methode nur sicher, wirksam und seinen Patienten hilfreich wäre, so wäre er zufrieden.

Es läßt sich nicht bestreiten, daß Dr. Shettles im Verlauf seiner Arbeit für einigen Aufruhr unter den Medizinern gesorgt hat. Offensichtlich gibt es einige Ärzte, die dieses Gebiet für gänzlich unter ihrer Würde halten. Sie lehnen es ab, die Wirksamkeit dieser Methode anzuerkennen, und weigern sich, eigene Untersuchungen anzustellen. Glücklicherweise gibt es auch andere Forscher, die ihrerseits allem Neuen offen gegenüberstehen. In jedem Fall ist Dr. Shettles bereits durch die Zufriedenheit seiner Patienten und vieler anderer belohnt worden, die von seiner Arbeit Gebrauch gemacht haben.

Kurze Vorschau

In den folgenden Kapiteln werden eine Reihe wichtiger Fragen zur Sprache gebracht und verschiedenste alte und neue Erkenntnisse über Geschlechtswahl erläutert.

Zunächst stellt sich eine ganz entscheidende Frage: Selbst wenn wir das Geschlecht unserer Kinder vorausbestimmen *können – dürfen* wir es überhaupt? Ist es moralisch vertretbar? Welche Haltung vertreten die einzelnen Religionen? Was sagen die Bioethiker? Welche psychologischen Auswirkungen – sowohl auf das Kind als auch auf die Eltern – kann eine solche Vorausbestimmung des Geschlechts haben? Wird die Gesellschaft davon wirklich profitieren, oder wird es sie neuen Gefahren aussetzen? Wird es tatsächlich, wovor manche warnen, zu einem Übergewicht des männlichen Geschlechts kommen und damit auch zu mehr Gewalttätigkeit und Krieg? Gibt es bestimmte Personenkreise, die von der Geschlechtswahl absehen sollten? Gibt es medizinische Gründe, die für Geschlechtswahl sprechen? Nach der Beschäftigung mit solchen Fragen werden einige der Personen zu Wort kommen, die von der Geschlechtswahl Gebrauch gemacht haben. Wer sind diese Menschen? Was haben sie erreicht?

Im 2. Teil des Buches werden die Methoden aus den Anfängen der Geschlechtswahl untersucht, die mit zunehmendem Wissen über die menschliche Fortpflanzung nach und nach verbessert wurden. Dabei werden die Vorgänge bei der Empfängnis dargestellt, wie sie dem aktuellen Wissensstand entsprechen und mit deren Hilfe Dr. Shettles' erste Untersuchungen verständlich werden, die zu seiner heutigen Methodologie der Geschlechtswahl führen sollten. Unter besonderer Berücksichtigung der Verbesserungen, die in den vorangegangenen Büchern noch keine Erwähnung gefunden haben, wird die Entwicklung von Dr. Shettles' Verfahren zurückverfolgt. Einen Schwerpunkt bildet hier das immer umfangreichere wissenschaftliche Beweismaterial, das Dr. Shettles in der Richtigkeit seiner wissenschaftlichen Erkenntnisse bestätigt. Anschließend werden andere Methoden der Geschlechtswahl erläutert, die in den letzten Jahren entwickelt worden sind. Es wird erklärt, weshalb nach Ansicht der Autoren einige dieser Verfahren ihre Berechtigung haben, andere aber nicht.

Der 3. Teil beschäftigt sich mit den eigentlichen Anweisungen, wie das Geschlecht des Kindes im voraus bestimmt werden kann. Er enthält außerdem Tabellen, die Ihnen helfen sollen, die Methode erfolgreich anzuwenden. Hier finden Sie auch Antworten auf die am häufigsten gestellten Fragen über Einzelheiten der Vorgehensweise. Zudem werden Umwelteinflüsse und Erbanlagen erläutert, die die Ergebnisse der Geschlechtswahl beeinflussen können.

Das Nachwort schließlich bietet einen Ausblick auf die Entwicklungen, die in näherer und fernerer Zukunft auf dem Gebiet der Geschlechtswahl zu erwarten sind. Ebenso werden einige neue Methoden untersucht, die auf experimenteller Ebene bereits angewandt werden.

Damit Sie die größten Erfolgschancen haben

Wichtig: Lesen Sie in jedem Fall erst das ganze Buch, bevor Sie die Geschlechtswahl versuchen. Die häufigste Ursache für das Scheitern eines Versuches ist Ungeduld.

Aus einem Fragebogen, den wir erhalten und der von einem mißglückten Versuch berichtet, läßt sich für gewöhnlich entweder auf klare Unachtsamkeit in irgendeinem Punkt oder aber auf nicht genaues Einhalten einer bestimmten Anweisung schließen. Die meisten Leser befolgen allerdings aufs genaueste die gegebenen Anweisungen und erhöhen damit ihre Chancen auf Erfolg. Wir hoffen, daß auch Sie zu dieser Lesergruppe gehören.

Um eine vorsichtige Schätzung abzugeben, haben wir die Erfolgsquote der Shettles-Methode insgesamt auf mindestens 75 Prozent festgesetzt. Diese Angabe beruht sowohl auf Dr. Shettles' eigener Erfahrung als auch auf der anderer Kollegen, die seine Methode gewissenhaft in ihrer Praxis angewandt haben. Nach Dr. Shettles' Überzeugung können Paare, die streng seinen Anweisungen folgen und ihren Zeitplan exakt einhalten, bei dem Versuch, ein Mädchen zu zeugen, eine Erfolgschance von 75 – 80 Prozent haben. Bei dem Versuch, einen Jungen zu zeugen, gibt ihnen Dr. Shettles unter den genannten Voraussetzungen eine Erfolgschance von 80 – 90 Prozent.

Darf Geschlechtswahl in jedem Fall angewandt werden?

Es gibt eine Reihe voneinander abweichender Ansichten über die sozialen und psychologischen Auswirkungen der Geschlechtswahl, auf die nun näher eingegangen werden soll. Im ganzen gesehen sind wir der Meinung, daß Geschlechtswahl sowohl für Einzelpersonen als auch für die Gesellschaft insgesamt ein Gewinn sein kann. Wir sind uns jedoch darüber im klaren, daß mit jeder Technologie Mißbrauch getrieben werden kann und es zweifellos Menschen gibt, für die die Geschlechtswahl aus psychologischen Gründen nicht geeignet ist. Die apokalyptischen Befürchtungen, die anfangs laut wurden, sind inzwischen weitgehend entkräftet. Dr. Amitai Etzioni, Professor für Soziologie an der Columbia University in New York, meinte beispielsweise, daß die Möglichkeit der Geschlechtswahl zu einer »Überproduktion an Jungen« führen könne und »sich mit größter Wahrscheinlichkeit auf alle

Aspekte des gesellschaftlichen Lebens auswirken« werde. Wenn es allgemein üblich werde, das Geschlecht der Kinder im voraus zu bestimmen, so prophezeite er die furchterregendsten Folgen, die vom Niedergang des Zweiparteiensystems bis zu einem enormen Anstieg männlicher Homosexualität, Prostitution und Gewalt reichten.

Und wenn niemand mehr Mädchen will?

Das grundlegende Problem solcher Voraussagen besteht darin, daß sie von der unbewiesenen Annahme ausgehen, die überwältigende Mehrheit der Eltern werde sich, wenn sie die Wahl habe, für männlichen und nur noch wenige für weiblichen Nachwuchs entscheiden. Zuverlässige Untersuchungen lassen erkennen, daß diese Annahme so nicht zutrifft. Es ist zwar richtig, daß die meisten Eltern sich als 1. Kind einen Sohn wünschen. Als 2. Kind wollen Eltern jedoch oft ein Mädchen, um die Familie zu vervollständigen. Zugegebenermaßen werden in einigen Entwicklungsländern Jungen bevorzugt, aber gerade in solchen Ländern ist die Wahrscheinlichkeit, daß Geschlechtswahl angewandt wird, aufgrund des niedrigen Bildungsstandes und der Armut am geringsten.

Einige Kritiker der Geschlechtswahl weisen in großer Besorgnis auf Berichte hin, die Ende 1982 aus China kamen. Überall waren Schlagzeilen zu lesen wie: »Chinesische Bauern töten ihre neugeborenen Töchter«. In Ländern wie China werden männliche Nachkommen tatsächlich noch stark bevorzugt. Vor allem in ländlichen Gebieten sehen die Menschen in Söhnen eine wirtschaftliche Sicherheit: Söhne können auf den Feldern arbeiten, die Arbeit des Vaters weiterführen und für die Eltern sorgen, wenn sie alt sind. Was jedoch bei diesen Meldungen über Töchtermorde häufig übersehen wurde, ist die Tatsache, daß China versucht, eine strikte Form der Geburtenkontrolle durchzusetzen, die jeder Familie nur ein Kind erlaubt. Insofern ist das Töten weiblicher Babys weniger ein Ausdruck von Mädchenfeindlichkeit, sondern zeigt vielmehr den Wunsch, wenigstens einen Sohn zu haben. Natürlich ist jeder einzelne Fall von Kindestötung furchtbar. Wir können nur vermuten, daß es seltener zu solchen Tötungen käme, wenn in China Geschlechtswahl verbreitet und anwendbar wäre. Außerdem ist anzunehmen, daß viele Chinesen sich weiterhin auch Mädchen wünschten, wenn die Politik des Landes 2 Kinder statt nur eines zuließe.

Die Untersuchung, die die verläßlichsten Prognosen darüber erlaubt, welche Folgen eine allgemein verbreitete Anwendung der Geschlechtswahl in den Vereinigten Staaten hätte, haben Dr. Charles F. Westhoff vom Institut für Bevölkerungsforschung von der Universität Princeton und Dr. Ronald R. Rindfuss vom Zentrum für Demographie und Ökologie der Universität von Wisconsin durchgeführt. Eingehende Erhebungen unter etwa 6000 verheirateten Frauen haben gezeigt, daß es zunächst tatsächlich zu einem »Überschuß« an männlichen Babys käme, der allerdings nur 1–2 Jahre andauerte, da sich in diesem Zeitraum mehr kinderlose Paare bei ihrem 1. Kind für einen Jungen entschieden. Der Untersuchung zufolge bekämen danach eben diese Eltern als 2. Kind eine Tochter, und das Gleichgewicht wäre wieder hergestellt. Diese Untersuchungsergebnisse wurden auch von anderen Wissenschaftlern bestätigt.

Der Wunsch nach einem Sohn als Erstgeborenem ist dennoch bemerkenswert. Daß dieser Wunsch auch in höherentwickelten Ländern nach wie vor lebendig ist, steht zweifellos in Zusammenhang mit dem hartnäckigen Wunsch der Männer nach einem »Stammhalter«. Außerdem scheint selbst in den Industrieländern die Auffassung zu herrschen, daß mit Jungen irgendwie »mehr anzufangen« sei und/oder daß sie weniger kosten. Ein erst kürzlich erschienenes Buch zeigt jedoch, daß kein wesentlicher finanzieller Unterschied im Aufziehen eines Sohnes und einer Tochter besteht (im Durchschnitt »kostet« ein Sohn 226 000 Dollar, eine Tocher dagegen 247 000 Dollar).

Der Bioethiker John C. Fletcher hat seine Meinung über die Geschlechtswahl völlig geändert und lehnt sie heute als »ihrem Wesen nach sexistisch« ab, da »das männliche Geschlecht immer und überall vorgezogen« werde. Hiermit vertritt er allerdings eher seine persönliche Ansicht als die des National Institute of Health, für das er tätig ist. Die verstorbene Anthropologin Dr. Margaret Mead dachte hierüber jedoch anders. Sie begrüßte die Anwendung der Geschlechtswahl sogar sehr, »denn zum ersten Mal in der Geschichte der Menschheit wären Mädchen ebenso gewollt wie Jungen«. Sie wollte damit sagen, daß ein Mädchen, das mit der Geschlechtswahlmethode gezeugt wurde, in dem Bewußtsein aufwachsen könne, daß es wirklich ein Wunschkind war und nicht nur das Kind, mit dem sich seine Eltern »abfanden«, als es kein Sohn geworden war.

Die psychologischen Vorteile der Geschlechtswahl

Hier handelt es sich um einen wichtigen Aspekt, der schwerwiegende Gründe für Geschlechtswahl sprechen läßt, und zwar unabhängig davon, ob sie zur Zeugung von Söhnen oder Töchtern angewandt wird. Viele Kinder beiderlei Geschlechts erleiden ernste und dauerhafte psychologische Störungen, wenn sie – oft zu Recht – den Eindruck haben, daß sie für einen oder beide Elternteile nicht das »Wunschkind« sind. Eltern können noch so sehr bemüht sein, ihre Enttäuschung darüber zu verbergen, daß die erhoffte Tochter ein Sohn geworden ist – das Kind wird fast immer auf verschiedenste Weise die Enttäuschung zu spüren bekommen und dann mit dem Gefühl aufwachsen, irgendwie »versagt« zu haben. Das kann dazu führen, daß sich das Kind in sich zurückzieht, ein gestörtes Sozialverhalten oder gar Unsicherheit über seine geschlechtliche Identität entwickelt.

In seinem unlängst veröffentlichten, bahnbrechenden Buch »Das Seelenleben des Ungeborenen« berichtet Dr. Thomas Verny über eine Pilotstudie, in der er herausfinden wollte, inwieweit sich vorgeburtliche Erfahrungen und Geburtserlebnisse im späteren Leben auf eine Gruppe von Menschen auswirkten, die sich in psychotherapeutischer Behandlung befanden. Der Psychiater aus Toronto folgerte aus seiner Untersuchung, daß die Gefühle, die Eltern ihrem Kind bei und sogar vor der Geburt entgegenbrachten, dauerhafte Folgen bewirkten und in entscheidenden Punkten das zukünftige Verhalten und die geistige Gesundheit des Kindes voraussagten. »Die ausgesprochen günstigste Konstellation für die Persönlichkeitsentwicklung war aber«, so Dr. Verny, »wenn die Mutter eine positive Einstellung zur Schwangerschaft hatte *und* das Kind vom gewünschten Geschlecht war.«

Anders ausgedrückt sind also zwei Erkenntnisse für unser Selbstverständnis von Bedeutung: zunächst das Wissen, ganz allgemein als Mensch »gewollt«, und das Bewußtsein, vom gewünschten Geschlecht zu sein. »Sowohl bei den Männern als auch bei den Frauen«, stellt Dr. Verny fest, »führte dieses Zusammentreffen zu weniger Depressionen, weniger irrationalen Wutanfällen und einer besseren sexuellen Anpassung.«

Ein weiterer Vertreter der medizinischen Forschung, Dr. A. L. Benedict, äußerte die Vermutung, daß es Menschen gebe, die eigentlich nur Kinder eines Geschlechts aufziehen können. In solchen Fällen, fügte er hinzu, könnte Geschlechtswahl dazu verhelfen, sowohl die Eltern als auch die Kinder vor unnötigen seelischen Schädigungen zu bewahren. Eine solche Auffassung erscheint allerdings recht zweifelhaft, denn Eltern, die sich überhaupt nicht auf Kinder eines Geschlechts einstellen können, müssen bis zu einem Grad seelisch gestört sein, daß es wohl besser wäre, wenn sie gar keine Kinder bekämen. Da aber solche Eltern wohl kaum unserem Rat folgen und dennoch Kinder bekommen, kann man natürlich argumentieren, daß Geschlechtswahl sogar in derartigen Extremfällen sinnvoll sein kann.

Ist Geschlechtswahl auch für Sie das Richtige?

Dr. Shettles ist immer auf der Hut vor Paaren, die bei Scheitern eines Versuchs, das Geschlecht ihres Kindes im voraus zu bestimmen, zutiefst enttäuscht wären. Da die augenblicklichen Methoden nicht unfehlbar sind, warnen wir Eltern unaufhörlich davor, ein Kind mit Geschlechtswahlmethoden zu zeugen, wenn sie sich nicht völlig sicher sind, über Kinder beiderlei Geschlechts glücklich zu sein. Hier ein typisches (von uns gestelltes) Beispiel für die Art von Briefen, die uns von Zeit zu Zeit erreichen und unwillkürlich aufhorchen lassen:

Sehr geehrter Dr. Shettles,
mein Mann und ich haben drei wunderhübsche Töchter,
die wir sehr lieben und um keinen Preis missen möchten.
Dennoch muß ich gestehen, daß wir – vor allem aber mein
Mann – uns schon seit langem sehnlichst einen Sohn wün-
schen. Nach der Geburt unserer jüngsten Tochter konnten
weder mein Mann noch ich verbergen, wie uns zumute
war. Obwohl wir das Jüngste genauso lieben wie unsere
anderen Kinder, waren wir doch sehr niedergeschlagen.
Wir können uns einfach nicht damit abfinden.
Wir wagten nicht, auch nur daran zu denken, noch ein
Kind zu bekommen, geschweige denn, davon zu sprechen
– bis wir von Ihrer Methode der Geschlechtswahl hörten.
Seither müssen wir bei dem bloßen Gedanken daran lä-
cheln und planen nun einen neuen »Versuch«. Wir sind
jetzt eigentlich soweit, aber fragen uns, ob es eventuell
neue Erkenntnisse gibt, die wir kennen sollten. Wir möch-
ten dieses Mal nämlich ganz sicher sein, daß es auch wirk-
lich ein Junge wird . . .
Mit freundlichen Grüßen . . .

Derart extreme Gefühle, wie wir sie in diesem Brief finden,
kommen selten vor. Die Mehrzahl der Menschen, die uns
schriftlich um nähere Informationen bitten, denken realistisch
und sind durchaus in der Lage, ihr Kind ungeachtet seines Geschlechts zu lieben. Ein Brief wie dieser würde etwa so beantwortet werden:

Sehr geehrte Frau X,
zuallererst möchten wir Sie herzlich zu Ihren drei gesun-
den Töchtern beglückwünschen. Zugleich verstehen wir
natürlich Ihre Enttäuschung, daß Sie keinen Sohn haben.
Wir wünschten, wir könnten Ihnen zu einem erneuten
»Versuch« unter Verwendung unserer Methode raten,
doch leider haben wir in Ihrem Fall zu große Bedenken.
Wenn Sie unser Buch sorgfältig gelesen haben, werden Sie
wissen, daß unsere Methoden einen Erfolg nicht garantie-
ren: Es ist durchaus denkbar, daß Ihr Versuch mißlingt.
Aus Ihrem Brief schließen wir, daß im Falle eines »Schei-

terns« die Gefahr einer ernsten seelischen Krise besteht.
Solange Sie nicht völlig sicher sind, daß Sie noch ein Kind
bekommen können, gleich welchen Geschlechts, ohne
Ängste, Depressionen oder dergleichen Gefühle befürch-
ten zu müssen, die sich schädlich auf Sie selbst, Ihre Ehe,
Ihr Baby oder Ihre anderen Kinder auswirken können,
bitten wir Sie dringend, von einem weiteren Kind abzuse-
hen. Vielleicht kann Ihnen eine gezielte fachärztliche oder
Familienberatung bei der Lösung Ihres Konflikts hel-
fen . . .

Kurz gesagt, Geschlechtswahl ist nicht jedermanns Sache.
Aber für die vielen, die eine Familie gründen beziehungsweise
in jedem Fall noch ein weiteres Kind möchten und sich sicher
sind, daß sie es unabhängig von seinem Geschlecht lieben werden, bieten die in diesem Buch beschriebenen Methoden eine
geeignete Möglichkeit, die Faktoren zu beeinflussen, die zu
dem gewünschten Ziel führen.

Ein Beispiel dafür, welch unterschiedliche Einstellungen es
zur Geschlechtswahl gibt, ist dieser Brief eines Ehepaars mit
3 Töchtern. In diesem Fall zögerten wir keinen Augenblick,
der Geschlechtswahl zuzuraten:

Sehr geehrter Dr. Shettles,
gerade haben wir über Ihre Arbeit gelesen und würden
Ihre Methode gern bei unserem nächsten Kind versuchen.
Wir haben drei Töchter und hatten uns für ein viertes Kind
bereits entschieden, bevor wir Ihr Buch lasen. Wir wollten
schon immer vier Kinder. Natürlich hätten wir gern zwei
Jungen und zwei Mädchen gehabt, aber auch wenn das
nächste wieder ein Mädchen wird, werden wir darüber
sehr glücklich sein und unsere Familie als vollständig be-
trachten. Ihre Methode scheint einfach in der Anwen-
dung, und wir finden, daß es nicht schaden kann, wenn
wir es mit der Jungen-Methode versuchen. Da mein Zy-
klus aber unregelmäßig ist, hätte ich gern gewußt . . .

Wie schon angedeutet, hat Dr. Shettles die Verfasserin dieses
Briefes ohne Zögern beraten, denn ihr Brief verrät eine sehr
gesunde Einstellung und damit gute Voraussetzungen für alle

Betroffenen, einschließlich das 4. Kind, gleichgültig, welchen Geschlechts es sein wird.

Ist Geschlechtswahl nicht unmoralisch?

Manche Paare haben Bedenken, ob Geschlechtswahl überhaupt moralisch vertretbar ist. Wir werden in Briefen gefragt, wie die einzelnen Religionen zu der Möglichkeit stehen, das Geschlecht seines Kindes im voraus zu bestimmen. Unserer Ansicht nach liegt nichts Unmoralisches oder Frevlerisches darin, vor der Empfängnis das Geschlecht des Kindes zu beeinflussen. Auch protestantische Pfarrer erkundigen sich nach den Methoden, da sie überlegen, sie für ihre eigene Familienplanung zu verwenden. Bei seiner Forschungsarbeit hat Dr. Shettles mit Rabbinern zusammengearbeitet, und auch Monsignore Hugh Curran, Leiter des Büros für Familienleben der Erzdiözese New York, versichert, daß die katholische Kirche nichts gegen Geschlechtswahl einzuwenden hat, »solange damit keine Empfängnisverhütung beabsichtigt wird«.

Es muß ganz deutlich darauf hingewiesen werden, daß wir entschiedene Gegner einer Geschlechtswahl *nach* der Empfängnis sind. Solche Methoden halten wir, gemeinsam mit vielen Ärzten und Vertretern der verschiedenen Religionen, allerdings für unmoralisch. Bei diesen Methoden wird das Geschlecht des Kindes nach der Empfängnis festgestellt (indem Zellen aus dem Fruchtwasser in der Gebärmutter untersucht werden) und das Kind abgetrieben, wenn es nicht das »richtige« Geschlecht hat. Wir betrachten Abtreibung zu einem solchen Zweck als völlig ungerechtfertigt.

Es ist denkbar, daß die Geschlechtswahl eines Tages Vorteile bietet, die heute noch nicht abzusehen sind. Sollten sich wirklich sichere Methoden zur Geschlechtswahl vor Empfängnis entwickeln lassen, könnte mit ihrer Hilfe verhindert werden, daß Kinder mit geschlechtsgebundenen Erbkrankheiten geboren werden. So erkranken beispielsweise nur Männer an Hämophilie, bekannt als Bluterkrankheit, da das rezessive Gen, das die Krankheit verursacht, bei Frauen nicht zum Tragen kommt. Träger dieser Krankheit könnten verhindern, daß das

Gen an künftige Generationen weitergegeben wird, indem sie die Zeugung männlicher Nachkommen vermeiden. Es gibt noch viele andere geschlechtsgebundene Krankheiten, die auf diese Weise umgangen werden könnten. Dr. Robert Edwards und Dr. Richard Gardner schrieben (in der Fachzeitschrift *New Scientist*): »Wenn es gelänge, durch bewußte Wahl des Geschlechts des Kindes diese Krankheiten in einer Generation auszuschalten, profitierte davon nicht nur unmittelbar diese Generation, sondern alle zukünftigen Generationen der betroffenen Familie.«

Es gibt keine Methode der Geschlechtswahl, die nicht auch ein gesellschaftliches Risiko bedeutet. Dieses Risiko jedoch erscheint uns äußerst gering und wird leicht aufgewogen durch die möglichen Vorteile: zufriedene Eltern, glücklichere, gesündere Kinder und kleinere, ausgewogenere Familien.

Wer wendet Geschlechtswahl an? Und mit welchem Erfolg?

Die Antwort auf die Frage, ob es besondere Personengruppen gibt, die das Geschlecht ihrer Kinder selbst entscheiden möchten, ist einfach: nein. Seit beinahe 15 Jahren hören wir von Tausenden von Menschen, die die Shettles-Methode angewandt haben oder anwenden wollen. Wir wissen aus unzähligen Telefonanrufen, Briefen und sogar persönlichen Begegnungen, daß von der Methode fast überall in der Welt (frühere Bücher zu diesem Thema wurden in nahezu 20 Sprachen übersetzt) und in beinahe jeder nur denkbaren Situation Gebrauch gemacht wird – in Groß- und Kleinstädten, auf dem Land, im Urwald, in der Wüste, auf See (!), von Zivilisten und Soldaten, zu Friedens- und zu Kriegszeiten und sogar, wie ein Paar uns berichtete, beim Ausbruch eines Vulkans!

Auch eine Methode für Prinzen?

Die meisten, von denen wir hören, sind »Leute wie du und ich« – junge Paare, die gerade eine Familie gründen oder sie mit einem Kind vom anderen Geschlecht vervollständigen wollen, oder Ehepaare, die zwei, drei oder mehr Kinder eines Geschlechts haben und die Methode bei ihrem »letzten Versuch« verwenden möchten.

Die Frauen, die sich für die Methode interessieren, gehören den unterschiedlichsten Berufsgruppen an. Dazu zählen auch Frauen, die wir ebenfalls für Berufstätige halten, die sich selbst aber als »Hausfrauen« bezeichnen. Auch bei den Männern sind alle Schichten und Gruppen vertreten. Viele, die sich bei uns melden, haben medizinische Berufe, unter anderem auch Ärzte und Krankenschwestern, die die Methode für ihre eigene Familienplanung verwendet haben.

Gelegentlich hören wir von Fällen, in denen die Shettles-Methode erfolgreich zur Bewältigung schier unüberwindlicher Hürden verholfen hat. So etwa in dem Fall der Familie Harrison, in der nach Anwendung unserer Methode das erste Mädchen seit 250 Jahren geboren wurde.

Im Laufe der Jahre traf Dr. Shettles auf einige Männer, in deren Familie es seit jeher nur oder fast nur männliche Nachkommen gab. In der dritten Welt mögen mancherorts solche Männer beneidet werden, in der Regel sind sie – und ihre Frauen – jedoch eher unglücklich über ihr Schicksal. Es ist nahezu gesichert, daß diese Neigung, Söhne zu zeugen, genetischen Ursprungs ist. Dennoch produzieren auch solche Männer oft eine gewisse Menge weiblicher Samen, jedenfalls gerade so viel, daß sie wie in dem genannten Fall mit etwas Hilfe auch Mädchen zeugen können.

Von Zeit zu Zeit erfahren wir auch von etwas »exotischeren« Zeitgenossen. So hat Dr. Shettles im Laufe der Jahre prominente Filmschauspielerinnen, Araber und Inder von Macht und Einfluß und auch Mitglieder von Königshäusern beraten. Ein Herr aus einem Land, das – je nach Blickwinkel – entweder noch im Mittelalter befangen oder aber besonders aufgeklärt ist, ließ uns wissen, daß er dank Dr. Shettles' Methode 3 Söhne mit 3 verschiedenen Frauen gezeugt habe. Das Bemerkenswerte daran ist, daß er mit allen 3 Frauen zugleich verheiratet war.

Es trifft allerdings *nicht* zu, daß Dr. Shettles auch Prinz Charles und Prinzessin Diana beraten hat, auch wenn 1982 Gerüchte umgingen, daß das königliche Paar sich mit seiner Methode beschäftigte, um einen Sohn zu zeugen. Es wurde jedoch kein Geheimnis daraus gemacht, daß sie, und vor allem Prinz Charles, einen Sohn wollten. Wie allgemein in der Presse berichtet wurde, scheint auch richtig zu sein, daß Prinz Charles sehr viel über Empfängnis und Schwangerschaft gelesen hat. Eine Meldung erwähnte dabei eines unserer ersten Bücher über Geschlechtswahl, aber wir konnten nie herausfinden, ob der Prinz es tatsächlich gelesen hat. Angesichts seines Interesses für dieses Gebiet halten wir es für wahrscheinlich. Sie bekamen ja auch wirklich einen Sohn, aber da uns nichts Genaueres bekannt ist, können wir diesen Erfolg nicht für uns verbuchen. Wir geben jedoch zu, daß wir es gern wüßten.

Nicht jeder hat Erfolg

Wie oft es auch geschieht, wir sind jedes Mal aufs neue aufgeregt, wenn wir von Paaren hören, bei denen die Geschlechtswahl zum Erfolg geführt hat. Und es ist immer eine persönliche Enttäuschung für uns, wenn wir erfahren, daß es bei jemandem »mißglückt« ist.

Sie sollten stets daran denken, daß nicht jeder Erfolg hat. Die Fehlerquote von bis zu 25 Prozent ist nicht zu unterschätzen. In einigen Fällen liegt das Scheitern der Methode aber auch an Unachtsamkeit oder Nichtbeachtung der Anweisungen. Es kommt jedoch auch vor, daß Paare an sich »alles richtig machen« und dennoch nicht ein Kind des gewünschten Geschlechts bekommen.

Da ist zum Beispiel eine Frau, die uns im November 1979 schrieb. In einem unserer Fragebögen berichtete sie uns, daß sie und ihr Mann bei dem Versuch, einen Jungen zu zeugen, kein Glück hatten. »Ich bin davon überzeugt, daß wir alle in Ihrem Buch gegebenen Anweisungen genau ausgeführt haben«, schrieb sie. Wir überprüften daraufhin alle ihre Angaben einschließlich ihrer Monatstabellen und mußten ihr recht geben. In diesem Fall wies alles darauf hin, daß alles genauestens »nach Buch« geschehen war. Auch der Zyklus der Frau war nicht ausgesprochen unregelmäßig. Das einzig Ungewöhnliche war, daß in der Familie des Mannes weibliche Geburten überwogen.

Obwohl dieses Ehepaar nicht den gewünschten Sohn bekam, teilte es uns mit, daß die Familie jetzt mit 2 Töchtern vollständig sei. Es fügte hinzu, daß es froh sei, daß das Baby gesund sei und viel Freude mache. Dieses Ehepaar war offensichtlich realistisch an die Geschlechtswahl herangegangen und wußte, daß es sich über ein Baby jeglichen Geschlechts freuen würde. Wir müssen dem Ehepaar ein Lob aussprechen.

Manchmal liegen die Gründe für einen Mißerfolg auf der Hand, und die Betroffenen wissen mitunter bereits selbst, wo der Fehler lag. Eine Frau schrieb uns: »Ich bin zu dem Schluß gekommen, daß niemand einen Fehler gemacht hat.« Sie berichtete, daß ihre monatlichen Zyklen außergewöhnlich unregelmäßig seien und der im Gebärmutterhals abgesonderte Schleim (zervikaler Schleim) sehr spärlich sei, sogar zum Zeitpunkt des Eisprungs, so daß dieser nur schwer feststellbar sei. Sie schrieb außerdem, daß sie sich eingehend mit verschiedenen Methoden zur Bestimmung des Zeitpunkts des Eisprungs beschäftige, und machte uns sogar einige nützliche Vorschläge. Auf diese Weise können auch wir aus »Mißerfolgen« lernen.

In den vielen Jahren, in denen wir Reaktionen auf die Geschlechtswahl erhalten, haben wir nur einmal eine wirklich aufgebrachte Zuschrift bekommen. Sie kam von einer Frau, die uns mitteilte, daß die Methode bei ihr nicht nur einmal, sondern zweimal gescheitert sei, und sie nun 2 Söhne und keine Töchter habe. Sie sei »sehr enttäuscht« und beschuldigte uns, »falsche Hoffnungen« zu wecken. Wie auch zu Beginn dieses Buches haben wir schon immer gesagt, daß Geschlechtswahl nicht für jeden geeignet ist. Wir setzen das Wort »Mißerfolg« stets in Anführungszeichen, denn wir betrachten die Geburt eines Kindes keineswegs als »Mißerfolg«, nur weil es nicht vom bevorzugten Geschlecht ist. Wer es dennoch dafür hält, sollte Geschlechtswahl nicht anwenden.

Dieser Brief hat wiederum *uns* etwas aufgebracht. Wir finden den Vorwurf, »falsche Hoffnungen« zu wecken, ausgesprochen unfair. Dennoch möchten wir lieber daran »schuld« sein, Menschen Hoffnung zu machen – auch wenn sie nicht in 100 Prozent der Fälle erfüllt wird –, als in ihnen, wie wir es nennen, »falsche Verzweiflung« zu wecken. Das geschieht nämlich bei der Mehrheit der Paare, die ihren Arzt über Geschlechtswahl um Rat fragen. Ihnen wird die reichlich anmaßende und unkritische Auskunft erteilt, daß die Chancen der Geschlechtswahl nach wie vor bei 50 zu 50 lägen, daß »die Natur« über solche Dinge entscheide und daran »nichts zu ändern sei«. Unsinn. Lesen Sie weiter.

Eine wissenschaftliche Methode zur Geschlechtswahl entsteht

Am Anfang ging Probieren über Studieren

Wahrscheinlich lag dem Menschen schon seit seinem ersten Tag auf diesem Planeten das Geschlecht seines Kindes am Herzen. In der Vergangenheit hat es immer wieder Zeiten gegeben, zu denen das »richtige« Geschlecht noch viel wichtiger war als heute. Besonders groß war das Bemühen um männliche Nachkommen – um »Manneskraft« unter Beweis zu stellen, Familiennamen weiterzuführen, den Boden zu bestellen, für Armeen, Sippen und Stämme zu kämpfen und vieles mehr. Bedeutende Königreiche wurden ins Chaos gestürzt, weil die Königin – oder gleich mehrere nacheinander – keinen männlichen Thronerben gebar. Unzählige Frauen aller Gesellschaftsschichten wurden verstoßen oder gar getötet, weil sie »versagt« und ihren Männern nicht den gewünschten Sohn geschenkt hatten.

Zweifellos wurden zumindest einige frühe Praktiker der Geschlechtswahl ebenfalls getötet, wenn ihre Beschwörungsformeln und -tränke nicht das verlangte Resultat zeigten. Diese Leute hatten es früher wirklich nicht einfach. Machten sie ihre Sache gut, wurden sie verdammt, versagten sie, wurden sie auch verdammt. Versuchten sie, Empfängnisse zu beeinflussen, dann war oft gleich ein Mann von Amt und Würden zur

Stelle, der sie der »Einmischung in Gottes Werk«, der Hexerei oder schlimmerer Dinge beschuldigte.

Nichtsdestotrotz wurden sie immer wieder von Männern und Frauen bestürmt, ihnen zu helfen. Wenn sie dann aber versagten, war es nicht Gottes Zorn, den sie zu fürchten hatten, sondern der Zorn des enttäuschten Ehegatten, der fassungslosen Ehefrau und/oder der gesamten Sippe. Unsere Vorgänger auf diesem Gebiet hatten wohl kaum viel Freude an ihrem Leben, zumal sie noch ein weiteres Hemmnis gegen sich hatten: Bis vor relativ kurzer Zeit war das Wissen über die menschliche Fortpflanzung – wenn überhaupt vorhanden – äußerst dürftig.

Rechts für Jungen – links für Mädchen

Selbst im Griechenland des Altertums mit seiner Vorliebe für die Wissenschaft war man in Sachen Geschlechtswahl überfordert. Nehmen wir einmal an, Sie und Ihr Ehegesponst hätten Parmenides von Elea, einen griechischen Gelehrten des 5. Jahrhunderts vor Christus, aufgesucht. Hätten Sie ihm gesagt, daß Sie einen Sohn wünschten, so hätte er geantwortet (wir bitten um Nachsicht für unsere »Übersetzung«): »Kein Problem! Gebt gut acht: Wenn du heute nacht zu Bett gehst, Helena, lege dich auf die rechte Seite. Wenn Achilles dir dann beiwohnt, wird sein Samen in die rechte statt in die linke Gebärmutter fließen. Das sollte Euer Problem lösen, Kinder, denn jeder gelehrte Mann weiß, daß Jungen in der rechten und Mädchen in der linken Gebärmutter entstehen. Einen schönen Abend noch und vergeßt nicht das Honorar.«

Nun ja, die Empfehlungen des Parmenides entbehrten nicht ganz jeglicher Grundlage. Er und andere seiner Zeitgenossen sezierten verschiedene Tiere und entdeckten dabei, daß diese zwei Gebärmütter hatten. Daraus schlossen sie natürlich, daß das auch bei Menschen der Fall sei. Warum zwei Gebärmütter, fragten sie sich und fanden eine Antwort: Warum nicht, es gibt ja auch zwei Geschlechter. Wie sie allerdings darauf verfielen, daß Jungen rechts und Mädchen links entstehen, bleibt jedermanns Vermutung überlassen. Im Verlauf der Jahrhunderte gab es jedoch stets den Hang, aus übersteigertem Männlichkeitswahn alles, was rechts (also »gut und richtig«) war, dem männlichen Geschlecht und alles, was links (also »falsch und hinterlistig«) war, dem weiblichen Geschlecht zuzuordnen.

Ein anderer früher »Fachmann« für Geschlechtswahl, Anaxagoras, war ebenfalls Anhänger der Rechts-links-Theorie. Doch zumindest in einem Punkt war er seiner Zeit erheblich voraus: Er war davon überzeugt, daß der Mann und nicht die Frau für das Geschlecht des Kindes verantwortlich ist. Heutige wissenschaftliche Ergebnisse sollten das bestätigen. Leider waren seine Ansichten darüber, *wie* der Mann das vollbrachte, weit davon entfernt, ins Schwarze zu treffen. Er kam zu dem Schluß, daß der rechte Hoden Jungen und der linke Mädchen zeugte.

Alle, die versuchten, Geschlechtswahl auf der Grundlage dieser Rechts-links-Theorie durchzuführen, verbrachten sicherlich viele schlaflose Nächte damit, die erfolgbringende Methode zu finden. Es gab viele verschiedene Möglichkeiten, je nachdem, wen man gerade um Rat ersuchte. Manche beharrten darauf, daß beide Partner während des Geschlechtsverkehrs auf der rechten beziehungsweise linken Seite liegen mußten, je nachdem, ob sie einen Jungen oder ein Mädchen wollten. Andere bestanden darauf, daß zur Zeugung eines Jungen der rechte Eierstock und der rechte Hoden in eine bestimmte Stellung zueinander gebracht werden müßten, was leichter gesagt als getan ist. Ein noch verzwickteres Rezept verlangte, daß der Mann mit einer Schnur den Hoden abband, der für das *nicht* gewünschte Geschlecht verantwortlich war. Es wurde angenommen, daß die Schnur den Hoden »stilllegte«, eine Vermutung, die schmerzlich, aber möglicherweise zutreffend war. Es war Hippokrates selbst, »Vater der Medizin«, der auf diese Idee verfiel.

Auch Demokrit und Aristoteles gehörten zu den frühen Vertretern der Geschlechtswahl. Sie waren der Überzeugung, daß Männer und Frauen Samen produzierten. Setzte sich der Samen der Frau durch, würde ein Mädchen gezeugt; behauptete sich der Samen des Mannes, entstünde ein Junge. Aber auch Demokrit war seiner Zeit voraus, zumindest, indem er feststellte, daß das Geschlecht des Kindes zwar von einem Elternteil entschieden würde, seine übrigen Eigenschaften jedoch ein Produkt aus einer Vermischung männlicher und weiblicher Elemente sei. Auf diese Weise könne ein Junge, der das Geschlecht seines Vaters geerbt habe, dennoch die Augen oder das Lächeln seiner Mutter erben. Diese »Vermischungstheorie« nahm in etwa unsere heutigen Kenntnisse über genetische Vererbung voraus.

Aristoteles war dagegen eher ein Mann der Tat. Er gab sich nicht damit zufrieden, daß der Samen des einen über den des anderen obsiegte. Er brachte noch eine andere Macht ins Spiel: die »Lebenskraft«. Wenn man im Geschlechtsakt nur mehr Lebenskraft als sein Partner bewies, verliehe man auch seinem Samen größere Stärke. Natürlich gebe es auch Einwirkungen auf die »Lebenskraft«, die jenseits unseres Einflusses lägen – wie etwa das Wetter oder die jeweilige Windrichtung. Solche Faktoren könnten aber auch zum Vorteil eingesetzt werden, indem man den Zeitpunkt des Geschlechtsakts sorgfältig wähle.

»Es werden mehr Jungen gezeugt, wenn der Beischlaf bei Nordwind stattfindet«, schrieb Aristoteles, »denn der Südwind bringt mehr Feuchtigkeit. Hirten sagen, daß es nicht nur darauf ankommt, ob der Geschlechtsakt bei Nord- oder Südwind vollzogen wird, sondern auch darauf, ob die Herde währenddessen nach Süden oder Norden sieht. Eine derartige Einzelheit kann das Schicksal wenden.«

Mögen die Götter den Griechen der Antike beistehen – sie mußten sich nicht nur voller Lebenskraft, wenn überhaupt möglich, auf die rechte oder linke Seite richten, sondern auch nach Nord oder Süd!

Löwenblut, Nußbäume und rohes Fleisch

Im Mittelalter war man noch nicht viel weiter gekommen. Im Gegenteil, es wurde immer schlimmer. Während die Griechen ihren Theorien zur Geschlechtswahl noch bestimmte Beobachtungen zugrunde legten, verließen sich die Alchimisten des Mittelalters auf ihren Aberglauben. Wer sich in jenen dunklen

Tagen einen Jungen wünschte, dem wurde einigen Schriften zufolge geraten, beim Alchimisten um die Ecke ein Gemisch aus Wein und Löwenblut zu erwerben. Das Getränk mußte dann vor dem Geschlechtsakt getrunken werden, der bei Vollmond im Freien stattzufinden hatte. Außerdem mußte in der Nähe ein Abt für das Wohl der Betroffenen beten. Wofür er Fürsprache erbat – ob für die Zeugung eines Jungen, daß die Liebenden sich nicht erkälteten oder gar an einer Löwenblutvergiftung stürben –, bleibt ungewiß.

Auch in jüngerer Vergangenheit spielte der Aberglaube bei dem Versuch, das Geschlecht der Kinder zu bestimmen, noch eine große Rolle. Auf den Palauinseln zogen die Bräute vor dem Geschlechtsverkehr Männerkleidung an, die ihnen zu Söhnen verhelfen sollte. In Schweden gab es Zeiten, zu denen Mädchen am Vorabend ihrer Hochzeit kleine Jungen mit ins Bett nahmen, in dem Glauben, daß sie dann in der darauffolgenden Nacht einen Jungen empfangen würden. In manchen Teilen Jugoslawiens mußte ein zweifellos reichlich befremdeter Junge die Hochzeitsnacht im Bett des Brautpaars verbringen, während dieses bemüht war, seinerseits einen Sohn zu zeugen.

In bestimmten Gebieten Deutschlands pflegten Förster, die einen Sohn wollten, eine Axt mit ins Bett zu nehmen. Während des Geschlechtsverkehrs mit ihrer Frau sangen sie dann »Ruck, ruck, rua, du bekommst an Bua!« War ein Mädchen gewünscht, verzichtete der Waidmann auf die Axt als Mannessymbol, kletterte unbewaffnet ins Bett und sang »Ruck, ruck, radl, du bekommst a Madl!«

Solche volkstümlichen Methoden sollen auch heute noch in manchen ländlichen und entlegenen Teilen der Welt gebräuchlich sein. Angeblich hängen manche Männer in abgelegenen Gebieten der Vereinigten Staaten immer noch ihre Hose auf die rechte Seite des Betts, wenn sie einen Jungen, und auf die linke, wenn sie ein Mädchen wollen. In slawischen Ländern sollen manche Frauen ihre Männer auch heute noch in den rechten Hoden kneifen – wir wissen allerdings nicht, ob sie damit die Zeugung eines Jungen fördern oder verhindern wollen. Vielleicht trägt es auch nur dazu bei, eine Empfängnis überhaupt zu verhindern. In manchen Teilen Italiens hingegen sind es die Ohren, die büßen müssen. Dort beißt der Mann seiner Frau in ihr rechtes Ohr, wenn er einen Jungen möchte, und in ihr linkes, wenn ein Mädchen geplant ist.

In Österreich hängen womöglich immer noch manche dem alten Aberglauben nach, daß ein Jahr mit einer guten Nußernte auch ein gutes Jahr zur Zeugung von Jungen sei. Der zugrunde liegende »Zusammenhang« ist leicht zu erraten. Diesen Vorgängen kann aber noch nachgeholfen werden, indem die Hebamme die Nachgeburt unter einem Nußbaum vergräbt. Beim nächsten Mal wird das zu einem Jungen verhelfen – so heißt es jedenfalls.

In vielen Teilen der Welt gibt es Paare, die glauben, daß das Geschlecht des Kindes durch den »stärkeren« oder »klügeren« Ehepartner bestimmt werde – eine späte Verwandtschaft mit den Vorstellungen des antiken Griechenlands. Manche sind der Überzeugung, das Kind werde das Geschlecht des älteren der Ehepartner haben. Andere wiederum meinen, das Geschlecht werde erst im Verlauf der Schwangerschaft entschieden und könne so über einen beträchtlich längeren Zeitraum hinweg beeinflußt werden. So herrscht zum Beispiel die Vorstellung, daß eine Frau ein Mädchen bekommt, wenn sie während der Schwangerschaft ständig Süßigkeiten ißt. Hält sie sich jedoch in reichlichem Maße an gutes, rotes Fleisch, so wird es – was sonst? – ein Junge, und ein besonders schneidiger und unerschrockener noch dazu.

Geist und Geschlecht

Eine der erstaunlichsten Theorien über Geschlechtswahl stammt von C. Wilbur Taber und ist in dessen einfallsreichem Buch *Suggestion: Der Schlüssel zum Geschlecht* aus dem Jahre 1899 dargelegt. Taber war auf die Idee gekommen, daß allein die Kraft der Suggestion das Geschlecht bestimmen könne. Er empfahl den Ehemännern eine Methode, bei der sie ihre Frauen geradezu hypnotisieren sollten, indem sie sie in Halbschlaf versetzten und ihnen zugleich die Vorstellung eingaben, einen Jungen zu empfangen. Auf diese »Suggestion« hatte dann der »Zeugungsakt« zu folgen, an dem die – möglichst benommene – Frau sich so wenig wie möglich beteiligen sollte. Anschließend sollte der Mann seiner Frau, sofern sie noch nicht völlig eingenickt war, aus Biographien großer und bedeutender Männer vorlesen.

Andere griffen Tabers Arbeit eifrig auf. Der Mediziner Dr. W. Wallace Hoffman veröffentlichte im Jahre 1916 ein Buch mit dem Titel (sind Sie bereit?): *Sterilität und Geschlechtswahl in der Familie: Ein Gegenstand, den die medizinische Literatur nicht behandelt, mit besonderer Berücksichtigung der Ursachen für die Veränderung des Geschlechts und der Theorien über die Bestimmung desselben beim Ungeborenen, unter Anfügung einer kurzen Erörterung der Frage der Sterilität.* Dr. Hoffman war der Überzeugung, daß Gedanken nicht nur darüber entscheiden konnten, welchen Geschlechts das Kind sein werde, sondern auch, ob es etwa ein Trunkenbold oder Schwachkopf würde. Bei dem Versuch der Zeugung galt es also, seine Gedanken in Zaum zu halten. Man brauchte nur für einen ungünstigen Moment einen »falschen« Gedanken zu haben, und aus dem kleinen Bobby würde womöglich ein Bankräuber, während Klein-Mary zum leichten Mädchen reifen würde.

Das Buch *Ursprünge und Beeinflussung des Geschlechts* von Cary S. Cox erschien 1923 und ging noch weiter: Es sei allerdings möglich, das Geschlecht seines Kindes mit Hilfe der richtigen Gedanken zu beeinflussen, aber wer nicht achtgebe, könne ein Wesen zeugen, das einer *Schildkröte* gleiche! Cox behauptete, dies sei einer Frau passiert, die sich während der Schwangerschaft zutiefst vor einer Schildkröte erschreckt und daraufhin ein Kind mit den Gliedmaßen einer Schildkröte zur Welt gebracht habe.

Eine Vielzahl von Büchern berichtet von der Wirkung der Ernährung auf das Geschlecht des Kindes. (In einem späteren Kapitel wird darauf noch zurückzukommen sein.) In seinem Buch *Das Geschlecht der Nachkommen: Eine moderne Entdeckung eines Urgesetzes* aus dem Jahre 1908 versichert Dr. Frank Kraft, daß optimale Ernährung zu weiblichem Nachwuchs führe. John McElrath dagegen behauptet in seinem Buch *Der Schlüssel zur Geschlechterbestimmung oder die zellulare Bestimmung des Geschlechts und deren physiologische Gesetze* (1911) das genaue Gegenteil: Gute Ernährung sichere männliche Nachkommenschaft.

Eine ganze Reihe Bücher über Geschlechtswahl hat auf die Griechen des Altertums zurückgegriffen. In vielen solcher Schriften wurde verbreitet, daß der »vitalere« oder »erhabenere« Partner das Geschlecht des Nachkommens bestimme. Aber auch der »Schwächere« hatte noch ein Wörtchen mitzureden, wenn er nur schlau genug war. So schlugen etwa einige Autoren den Männern besonders starker Frauen vor, mit der Zeugung zu warten, bis die Frau durch Krankheit geschwächt wäre, und ihr auf diese Weise ein Schnippchen zu schlagen. Leichtgewichten von 50 Kilo wurde geraten, ihre Chancen durch Gewichtheben zu verbessern. Noch Gerissenere könnten den überlegenen, jedoch weniger hintertriebenen Partner in psychologische Kriegsführung verstricken, mit ihm streiten und ihn nach und nach niederringen, bis dieser schließlich einiges seiner Kraft und Vornehmheit einbüße. Wenn alles nichts half, konnte man immer noch zu schlichter Gewalt greifen. Ein Verfasser schlug sogar Vergewaltigung vor, um die »Überlegenheit der Frau« zu verringern!

Der vielleicht überzeugteste Verfechter der alten Rechts-links-Theorien der Griechen in diesem Jahrhundert war E. Rumley Dawson, Mitglied der Königlichen Akademie für Medizin. Er war der Ansicht, daß nur die Frau und niemand sonst für das Geschlecht des Kindes verantwortlich sei. Seiner Meinung nach produzierte der rechte Eierstock Jungen, während der linke ausschließlich Mädchen hervorbringe. In zahlreichen Zeitschriftenartikeln und seinem 1917 veröffentlichten Buch *Der Ursprung des Geschlechts beim Menschen* machte er Vorschläge, wie dieses »Wissen« genutzt werden könne. Seiner Vorstellung zufolge wechselten sich die Eierstöcke mit dem Eisprung monatsweise ab. Paare, die Dr. Dawsons Ratschlägen folgten, sprachen dann von »Kleine-Jungen-Monaten« und »Kleine-Mädchen-Monaten«.

Das System war denkbar einfach, denn nach Geburt des 1. Kindes (dessen Geschlecht nicht beeinflußt werden konnte) hatte man nur auf den Monat zu achten und konnte den nächsten Versuch nach dem gewünschten Monat beziehungsweise Geschlecht richten. Welche Erklärung den Eltern gegeben wurde, die nicht Kinder des erwarteten Geschlechts bekamen, ist uns nicht bekannt. Vielleicht wurde ihnen einfach gesagt, sie könnten nicht zählen.

Während manche also auf rechts und links achteten, verfolgten andere Mondphasen und Sterne. Verschiedene Theoretiker der Geschlechtswahl haben astrologische Methoden ausgeklügelt. Noch im Jahre 1973 erschien ein Buch zu diesem Thema: *Natürliche Geburtenkontrolle und wie Sie das Geschlecht Ihres Kindes wählen können* von Lynn Schroeder und Sheila Ostrander.

Bauer Rummins und seine Kühe

Bei einer solchen Rückschau auf »alte«, »volkstümliche« und »unwissenschaftliche« Methoden der Geschlechtswahl sollte man immer berücksichtigen, daß einige von ihnen ja vielleicht tatsächlich ihre Berechtigung hatten, zumindest teilweise.

In diesem Zusammenhang fällt uns eine köstliche Geschichte des bekannten britischen Autors Roald Dahl ein, die eines Tages in der *New York Times* abgedruckt wurde. Dahl behauptet, es sei eine wahre Geschichte. Sie handelt von »Bauer Rummins« und seiner prachtvollen Herde Milchvieh. Dahl lebte mit Mutter und Schwester in der Nähe der Rummins-Farm und hielt eine Zeitlang selbst eine Kuh. Sie entschlossen sich, die Kuh decken zu lassen, und vertrauten sie Bauer Rummins' Preisbullen an. Der Bauer fragte, ob sie eine Färse oder einen jungen Bullen wollten. Der junge Dahl meinte, daß er, wenn er die Wahl habe, eine Färse bevorzuge, da seine Familie kein Schlachtvieh, sondern mehr Milch brauche. Kein Problem, sagte der Bauer, und stieß die Kuh so lange herum, bis sie genau in die Sonne sah. Erst dann ließ er seinen Bullen die Kuh bespringen, achtete aber ständig darauf, daß sie immer der Sonne zugewandt war. All das, so beteuerte Bauer Rummins, werde dafür sorgen, daß die Familie Dahl die gewünschte Färse bekäme. Als Dahl Zweifel äußerte, wurde Bauer Rummins wütend: »Sei kein Dummkopf, Tatsachen sind Tatsachen«, schnaubte er.

Daraufhin trieb der Bauer seinen jungen Nachbarn ins Haus, wo er ihm einen Stapel alter Bücher vorsetzte, in denen jede einzelne Paarung von Rindern verzeichnet war, die in den letzten 32 Jahren auf dem Hof stattgefunden hatte. Die Bücher enthielten Spalten für den Tag der Paarung, den Tag des Kalbens und das Geschlecht des Kalbs. Da der Bauer Milchvieh züchtete, wollte er natürlich Färsen – und bekam sie auch. Dahl folgte mit dem Finger den langen Spalten für »Geschlecht« – und fand nichts als die eintönige Wiederholung des Worts »Färse«.

Neben einer der wenigen auf »Bulle« lautenden Eintragungen las Dahl die Bemerkung: »Kuh sprang herum.« Rummins erklärte, daß manche Kühe einfach nicht dazu gebracht werden konnten, während ihrer kurzen Begegnung mit dem ungeduldigen Bullen der Sonne zugewandt zu bleiben. Sobald sich die Kühe von der Sonne abwendeten, bekämen sie unweigerlich Bullen – meinte der Bauer Rummins. Dahl war so beeindruckt, daß er sämtliche Bücher durchging und die Färsen und Bullen zählte. Er kam auf 2516 Färsen und 56 Bullen. Der verblüffte junge Mann fragte den Bauern, warum er das denn so lange Zeit für sich behalten hätte? »Ich finde, das geht niemanden etwas an«, antwortete Rummins. Die Methode hatte für ihn ihren Dienst getan und ihn mit der Zeit wohlhabend gemacht – das genügte.

Rummins' Vater war ebenfalls Milchbauer gewesen und hatte sein Wissen an ihn weitergegeben. »Er erklärte mir«, erinnerte sich Rummins, »daß eine Kuh nichts damit zu tun hat, welches Geschlecht das Kalb haben wird. Die Kuh hat nur das Ei, während der Bulle über das Geschlecht entscheidet. Und zwar mit seinem Samen. Mein Vater sagte, der Bulle hat zwei Arten Samen, nämlich weiblichen und männlichen . . . Wenn der Bulle also seinen Samen in die Kuh schießt, dann gibt es so etwas wie ein Wettschwimmen zwischen dem männlichen und dem weiblichen Samen, bei dem jeder zuerst beim Ei ankommen will. Gewinnt der weibliche Samen, gibt es eine Färse.« Hier hatte der Vater des Bauern recht – und war damit seiner Zeit erheblich voraus. Es ist völlig zutreffend, daß der männliche Teil für das Geschlecht der Nachkommen verantwortlich ist, daß er 2 Arten von Spermien erzeugt und auch, daß beide gewissermaßen ein »Rennen« darum austragen, welches zuerst die Eizelle erreicht.

Ansonsten allerdings können wir uns für die Theorie des Bauern nicht verbürgen. Der Bauer hatte die Vorstellung, daß die Sonne eine anziehende Wirkung habe, die vergleichbar mit der Anziehungskraft des Mondes auf die Gezeiten der Meere sei und die weiblichen Spermien irgendwie begünstige. »Und wenn man die Kuh in die andere Richtung dreht«, erklärte der Bauer, »werden die weiblichen zurückgehalten, und ein männlicher Samen macht statt dessen das Rennen.«

Roald Dahl fragte Rummins, ob er meine, daß diese Methode auch bei Menschen wirken würde. Der Bauer bejahte: »Man muß nur immer daran denken, daß alles auf die richtige Richtung ausgerichtet ist. Aber Kühe legen sich dabei nicht hin. Sie bleiben auf allen vieren. Es hat auch keinen Zweck, es nachts zu versuchen, weil dann die Sonne von der Erde verdeckt ist und keinen Einfluß mehr hat.«

Hatte Rummins denn Beweise dafür, daß diese Methode auch für Menschen gilt? Dahl berichtet, der alte Bauer habe darauf mit »seinem listigen, stummelzähnigen Grinsen« und einer Gegenfrage geantwortet: »Schließlich habe ich ja 4 Jungen, oder etwa nicht? Alberne Mädchen kann ich hier nicht brauchen. Auf einen Hof gehören Söhne.«

Wieviel Wahres an dieser Geschichte ist, wissen wir nicht. Manchmal kommt es uns so vor, als habe entweder ein durchtriebener Bauer oder ein pfiffiger Erzähler herausfinden wollen, wie viele Leute sich auf diese Weise zum Narren halten lassen, indem sie am hellichten Tag draußen auf allen vieren ihre Nachkommen zeugen und dabei in die Sonne blinzeln. Aber wer weiß . . .

Rückbesinnung auf die Grundlagen des Lebens
(Was Sie vorher unbedingt wissen müssen)

Ehe Sie versuchen, mittels »menschlichen Eingriffs« das Geschlecht Ihres Kindes festzulegen, ist es von größter Wichtigkeit, daß Sie genau darüber Bescheid wissen, wie Mutter Natur dabei vorgeht. Erfolgreiche Geschlechtswahl ist nur möglich, wenn man den natürlichen Verlauf der Entstehung einer geschlechtlichen Identität kennt. Frühere Methoden scheiterten deshalb, weil sie fast gänzlich auf äußerst mangelhaftem Wissen, bloßen Vermutungen und manchmal auch auf Aberglaube beruhten.

Lassen Sie uns also noch einmal die wissenschaftlichen Erkenntnisse über jene Vorgänge zurückverfolgen, die dafür verantwortlich sind, daß es Jungen und Mädchen gibt. Vieles daran ist faszinierend, und manches scheint schlicht unglaublich.

»X« für Mädchen – »Y« für Junge

Wie bereits im vorigen Kapitel erwähnt, wurde schon seit langer Zeit angenommen, daß die Samenflüssigkeit des männlichen Geschlechtspartners eine entscheidende Rolle spielt, und zwar sowohl für die Befruchtung der Eizelle als auch für das Geschlecht der Nachkommen. Aber erst im 17. Jahrhundert gelang es, in der Samenflüssigkeit Samenzellen auszumachen, ohne daß man recht wußte, was sie waren und welche Funktion sie hatten. Manche vermuteten, jede Zelle enthielte ein vollständiges, jedoch winzig kleines Baby, das in der Gebärmutter weiter wüchse.

Lange Zeit gab es keine Beweise dafür, daß Samen (oder Spermien) für eine Fortpflanzung erforderlich sind. Ende des 18. Jahrhunderts konnte dann endlich anhand von Experimenten mit Fröschen gezeigt werden, daß es tatsächlich irgendeines Bestandteils der Samenflüssigkeit bedarf, damit es zu einer Befruchtung kommt. Eizellen, die man nicht mit Sperma in Berührung kommen ließ, erzeugten im Gegensatz zu Eizellen mit Spermakontakt keine Kaulquappen.

Karl von Baer trug in den Jahren nach 1820 seinen Teil zur Erhellung dieser Vorgänge bei. Von Baer sezierte trächtige Hündinnen in verschiedenen Stadien. Er fand bei ihnen in die Gebärmutterschleimhaut eingebettete Embryos (also befruchtete Eizellen) und entdeckte später bei frühen Stadien der Trächtigkeit auch in den Eileitern Embryos. Eine Zeitlang fragte er sich, ob diese »Ovula« womöglich ausschließlich Produkte des männlichen Hundes und beim Geschlechtsakt ausgestoßen worden seien. Als er dann jedoch die Eileiter bis hin zu den Eierstöcken untersuchte, entdeckte er auf der Oberfläche der Eierstöcke vorgewölbte Bläschen (Follikel). Im Inneren dieser Bläschen befanden sich Eizellen, die ganz jenen »Ovula« glichen, die er untersuchte.

Einige Jahrzehnte später fügten sich weitere Teile des Puzzles zusammen, als andere Forscher anhand von Tierversuchen beobachten konnten, wie eine Samenzelle in die Eizelle eindrang. Gegen 1870 war man allgemein zu der Auffassung gelangt, daß eine solche Verbindung von Geschlechtszellen die Voraussetzung für Befruchtung und Fortpflanzung darstellt und beide Geschlechtspartner in etwa den gleichen Anteil am Erbgut ihres Nachkommen haben.

1883 lieferte Edouard van Beneden den bis dahin überzeugendsten Beweis hierfür, indem er zeigte, daß die Geschlechtszellen nur den *halben* Chromosomensatz der Körperzellen (aus denen Haut, Knochen, Muskeln usw. bestehen) haben. Es bedurfte also der Verschmelzung zweier Geschlechtszellen, um eine neue Zelle entstehen zu lassen, deren Chromosomenzahl ausreichend war, die Entwicklung eines neuen Menschen zu steuern.

Chromosomen – werden Sie sich vielleicht fragen – was war das doch gleich? Chromosomen sind mikroskopisch kleine Einheiten innerhalb des Zellkerns, in denen die noch kleineren Gene enthalten sind, die ihrerseits wiederum den genetischen Code tragen, der unsere physischen Merkmale (Augen, Haar, Hautfarbe usw.) bestimmt. Durch die Verbindung männlicher und weiblicher Geschlechtszellen, also von Samen- und Eizelle, entsteht eine neue »Überzelle«, die Embryo genannt wird und nun den vollen Chromosomensatz enthält, so daß sich ein neuer Mensch mit einer eigenen und einmaligen Genkombination entwickeln kann.

Insofern war die Entdeckung van Benedens sehr wichtig. Sie klärte jedoch immer noch nicht die Frage, wie die Natur das Geschlecht des Kindes festlegt, das bei der Befruchtung der Ei- durch die Samenzelle entsteht. Ebensowenig gab sie uns Aufschluß darüber, welcher Elternteil für das Geschlecht verantwortlich ist.

Es sollte allerdings nicht allzu lange dauern, bis sich eine Antwort abzeichnete. Untersuchungen an unbefruchteten Eizellen zeigten, daß die Chromosomen im Zellkern paarweise angeordnet sind und alle Paare offensichtlich genau miteinander übereinstimmten. Das galt jedoch nicht für Samenzellen, bei denen in jeder Zelle genau ein Chromosomenpaar nicht gleich war. 1 Chromosom in einem solch ungleichen Paar war auffallend kleiner als sein Partner.

Die Forscher kamen bald darauf, daß in dieser Abweichung möglicherweise der Schlüssel zum Geschlecht lag. Der amerikanische Zoologe C. E. McClung bezeichnete im Jahre 1902 als erster dieses ungleiche Chromosomenpaar als »Geschlechtschromosomen«. Der kleinere Partner wurde »Y«-Chromosom, der größere »X«-Chromosom genannt. Wenn die Samenzellen für die Befruchtung heranreifen, halbieren sie sich, wobei die Chromosomenpaare sich trennen und in neue Zellen wandern. Es wurde die Hypothese aufgestellt, daß das Y-Chromosom und das X-Chromosom in jeweils andere, neu entstandene Samenzellen wanderten. Man nahm weiterhin an, daß von Y-Samen befruchtete Eizellen ein bestimmtes Geschlecht hervorbrächten, während von X-Samen befruchtete Eizellen das jeweils andere Geschlecht erzeugten.

Bewiesen wurde diese Annahme 1905 – allerdings nur am bescheidenen Beispiel des Mehlwurms. Dr. N. M. Stevens fand heraus, daß von Y-Spermien befruchtete Mehlwurmeier immer männliche und von X-Spermien befruchtete Eier immer weibliche Mehlwürmer ergaben. Es sollte aber weitere 20 Jahre dauern, bis nachgewiesen werden konnte, daß dieser

Sachverhalt auch für eine Reihe höher entwickelter Tiere gilt. Es gelang jedoch niemandem, herauszufinden, ob dies auch bei Menschen der Fall ist. Im Vergleich zu den Chromosomen vieler Tiere auf niedriger Entwicklungsstufe sind menschliche Chromosomen so klein, daß erst im Jahre 1956 mit Sicherheit festgestellt werden konnte, daß Körperzellen 46 und Geschlechtszellen 23 Chromosomen enthalten.

In den 50er Jahren sollten Dr. John Rock von der Harvard-Universität und Dr. Landrum Shettles von der Columbia-Universität die ersten Forscher sein, die den vollständigen Vorgang einer menschlichen Befruchtung durch das Mikroskop beobachteten. Mit Hilfe verschiedener Labormethoden konnte schließlich gezeigt werden, daß Samenzellen mit dem X-Chromosom Mädchen zeugen, während Samenzellen mit dem Y-Chromosom für Jungen verantwortlich sind.

»Die Königinmutter der Zellen«

Was geschieht eigentlich, wenn sich Eizelle und Samenzelle miteinander verbinden und eine neue geschlechtliche Identität entsteht? Betrachten wir zunächst die menschliche Eizelle, das Ovum, das Dr. Shettles die »Königin der Zellen« genannt hat. Dieser Ausdruck ist sehr zutreffend, denn das Ovum hat tatsächlich etwas Königliches. Ähnlich wie die Ameisen- oder Bienenkönigin ist auch die Zellkönigin, zumindest im Vergleich zu anderen Zellen, von riesenhafter Größe. Sie wiegt immerhin 1,4 Millionstel Gramm (1,4 μg) und mißt ungefähr 0,15 Millimeter. Es ist also möglich, sie mit bloßem, scharfem Auge zu sehen. Die Eizelle ist auch in anderer Hinsicht etwas Besonderes. Sie bewegt sich nämlich gemessenen Schrittes und schart ein Gefolge von »Hofdamen« um sich – eine Ansammlung niedrig entwickelter Zellen, die einst ebenfalls hätten Königin werden können, dann aber aus irgendwelchen Gründen »übergangen« wurden. Diese Nährzellen, wie sie auch genannt werden, drängen sich um die Königin, schützen und ernähren sie auf ihrem Weg vom Eierstock zum Eileiter. Mädchen haben bei der Geburt bereits über 1 Million noch nicht voll entwickelte Eizellen in den Eierstöcken. Wenn sie die Geschlechtsreife erreichen, sind nur noch einige Hunderttausend übrig, die anderen sind mit der Zeit abgestorben. Unter den »Überlebenden« werden nur einige Hundert eine reale Chance bekommen, ihre Bestimmung zu erfüllen. Befruchtungsfähige Eizellen entwickeln sich erst nach der Pubertät, wenn die im Gehirn befindliche Hirnanhangdrüse (Hypophyse) Hormone ausstößt, die eine komplizierte Kette biochemischer Reaktionen auslösen. Unter dem Einfluß dieser Hormone reift ein Mädchen zur Frau heran, und der Fortpflanzungs- oder Monatszyklus beginnt.

Der monatliche Zyklus dauert *im Durchschnitt* 28 Tage. Der Eisprung – also die Freisetzung des Eis von den Eierstöcken – findet, ebenfalls im Durchschnitt, nach der Hälfte des Zyklus, nach 14 Tagen statt. Beim Platzen eines Eibläschens (Follikel) an der Oberfläche des Eierstocks wird das Ei frei und, umgeben von etwa 5000 Nährzellen, von den fransenartigen Enden des Eileiters aufgenommen, durch den es dann zur Gebärmutter befördert wird. Auf ihrer Reise durch den Eileiter verliert die Eizelle einen Teil ihrer »corona radiata«, ihres Hofes aus Nährzellen. In der Hoffnung, irgendwo im Eileiter auf eine nette Samenzelle zu treffen, beginnt sie sich regelrecht zu »entkleiden«.

Wird die Zellkönigin »sitzengelassen«, das heißt, kommen keine Verehrer, die um sie werben, so ist alles aus. Eine Eizelle, die vor Jahrzehnten geboren wurde und ihr ganzes Leben auf diesen Augenblick »gewartet« hat, um dann in ihrem Liebeshunger enttäuscht zu werden, wandert in die Gebärmutter weiter und geht dort zugrunde. Dieselben hormonellen Vorgänge, die die Eierstöcke in Gang gesetzt und den Eisprung zur Folge haben, bereiten auch die Schleimhaut im Innern der Gebärmutter auf den eventuellen Besuch eines befruchteten Eis vor, indem sie sie besser auspolstern und »empfänglicher« machen.

Gelangt aber ein unbefruchtetes Ei in die Gebärmutter, wird das »Bett« wieder abgezogen. Die Saftzellen, die die Gebärmutterwand ausgekleidet haben, um gegebenenfalls neuentstehendes Leben zu ernähren, werden durch die Menstruation, die Frauen ihre »Periode« nennen, ausgestoßen. Mit dem nächsten Monatszyklus beginnt alles wieder von vorn. Vielleicht hat die nächste »Königin« ja mehr Glück.

Millionen von Spermien und ein Ei

Samenzellen sind ganz anders beschaffen als Eizellen. Aber auch die Spermien sind bei Geburt eines Jungen bereits sehr zahlreich vorhanden. Diese noch unentwickelten Samenzellen ruhen bis zur Pubertät in den Samenleitern der Hoden, den männlichen Geschlechtsdrüsen. Dann beginnen sie, wieder unter der Steuerung komplizierter hormoneller Befehle, sich zu vermehren – und erreichen dabei eine Zahl von etwa 300 Millionen täglich. Eine einzige Ejakulation des Mannes kann ungefähr 1 Milliarde Spermatozoen enthalten. Ein beträchtliches Aufgebot, wenn man bedenkt, daß ihr aller Ziel die Befruchtung nur einer Eizelle ist! Und da für gewöhnlich auch nur 1 Samenfaden in das Ei eindringt, wirkt es auf den ersten Blick wie grenzenlose »Verschwendung«.

Doch auch die Rolle der winzigen Samenzellen bleibt nicht dem Zufall überlassen. Nur ganz wenige von ihnen werden in die Nähe der Eizelle gelangen. Spermien haben nur $\frac{1}{90\,000}$ der Größe eines Eis – obwohl ihre Länge die Breite einer Eizelle übertrifft (ein durchschnittliches Spermium ist etwa $\frac{5}{1000}$ Zentimeter lang), macht den größten Teil ihrer Länge ihr peitschenartiger Schwanz aus. Diese verschwindend kleinen Zellen müssen einen enormen Hindernislauf bewältigen, um zum Ei zu kommen. Die meisten sterben unterwegs. Nur ihre große Anzahl macht eine Befruchtung überhaupt möglich.

Spermien sind die kleinsten Zellen im Körper. Es gibt Schätzungen, daß alle Eizellen, die zur Erzeugung der gesamten heutigen Weltbevölkerung benötigt würden, in einer einzigen Keksdose Platz hätten. Dagegen käme die entsprechende Anzahl Samen mit einem Fingerhut aus.

Die Schwierigkeiten für diese winzigen »Soldaten« beginnen in dem Augenblick, in dem sie in die weiblichen Fortpflanzungsorgane gespritzt werden. Sie werden nicht von Nährzellen gepolstert und abgeschirmt in die »Welt draußen« geworfen, wie es beim Ei der Fall ist. Statt dessen werden sie, wie Dr. Shettles es formuliert, »nackt bis aufs Hemd« hinausbefördert. Ihre Stärke ist eher Schnelligkeit als Ausdauer. Dr. Shettles hat sie auch mit Lachsen verglichen, die viele Kilometer weit gegen starke Strömung flußaufwärts schwimmen müssen.

In diesem Fall handelt es sich um *saure* Strömung. Das Milieu der Scheide ist meist sauer, wird aber immer mehr basisch – und damit immer empfänglicher für eine Befruchtung –, je näher der Zeitpunkt des Eisprungs heranrückt: Auf diese Weise gibt die Natur dem Samen eine Hilfestellung. Doch selbst dann geben sich die Absonderungen der Scheide feindlich, so daß dort ein großer Anteil der Spermien aus einer Ejakulation recht schnell abstirbt. Spermien, die gleich bis ans innere Ende der Scheide geschleudert werden, haben größere Chancen, zu überleben und zur Eizelle zu gelangen. Die Absonderungen an der Öffnung der Gebärmutter, dem Muttermund, sind in der Regel stärker basisch. Doch auch Samenzellen, die direkt am Muttermund »landen«, müssen schon sehr heftig ihre Schwänze schlagen, um durch die klebrige Flüssigkeit zu gelangen, die der Muttermund abgibt. Einmal in der Gebärmutter angekommen, müssen sie auf ihrem Weg zu den Eileitern immer noch Gegenströmungen überwinden. Dort angelangt, stehen sie am Scheideweg. Welcher Eileiter ist der richtige? Wählen sie den falschen, droht ihnen der sichere Tod.

Samenzellen haben aber weder ein Radarsystem noch irgendwelche hellseherischen Fähigkeiten, um herauszufinden, in welchem Eileiter sich die Eizelle verbirgt. Etliche treffen die falsche Entscheidung. Diejenigen, die den richtigen Eileiter gewählt haben, sind trotzdem längst noch nicht am Ziel. Sie müssen immer noch gegen den Strom schwimmen, gegen denselben Strom, der das Ei in die Gebärmutter hinabtreibt und aus der muskulären Zusammenziehung der Eileiterwände, den abwärts fließenden Eileitersekreten sowie anderen Absonderungen und dem wimpernhaften Schlagen der haarähnlichen Zellen an den Eileiterwänden besteht. Zudem sind die Eileiter keine glatten Röhren, sondern haben zahllose kleine

Vertiefungen und Sackgassen, in denen sich die Samen verlieren können. Eine weitere Gefahr sind die weiblichen weißen Blutkörperchen, die als unerbittliche Schädlingsbekämpfer jederzeit heranschießen können, um mit den Samenzellen wie mit jedem anderen »Eindringling« zu verfahren, indem sie sie regelrecht verschlingen.

Das Ganze hat etwas von einem Videospiel. Der Held – hier die Samenzelle – muß sich bei der Eizelle in Sicherheit bringen und dabei wilde Strömungen, saure Milieus und Wirbel überwinden, ohne in Sackgassen zu geraten oder von »Killerzellen« gefressen zu werden. Zu allem Überfluß ist die Zeit knapp, denn weder das Ei noch die Samenzelle haben ein langes Leben.

Nur einige hundert, allerhöchstens einige tausend Samen kommen wirklich mit der Eizelle in Berührung. Manche verfehlen die Riesin um Haaresbreite und schießen an ihr vorbei. Daß so wenige Samen zur Eizelle gelangen, gehört vielleicht zum Grundprinzip der Natur. All die erwähnten Hindernisse dienen womöglich dazu, die Starken von den Schwachen zu trennen, so daß nur der »Beste« überlebt und die Chance erhält, Gemahl der Königin zu werden. Eine besonders flinke Samenzelle braucht vielleicht nur wenige Stunden, um zum Ei zu gelangen. Wenn sich das Ei allerdings noch nicht vom Eierstock gelöst hat, war die gefahrvolle Reise vergebens. Manche mögen noch imstande sein zu warten, in der Hoffnung, das Ei zeige sich noch. In diesem Fall käme es dann doch noch zu einer Befruchtung. Besonders hartgesottene Samen können bis zu 4 Tage überleben, doch die Mehrzahl von ihnen ist dazu nicht in der Lage.

Der »Liebestanz«

Im Idealfall treffen Ei und Spermien irgendwo im oberen Bereich des Eileiters frontal aufeinander. Einmal so weit gekommen, lassen sich die Samenzellen nicht zweimal bitten und bohren sich regelrecht in die Eizelle hinein. Hier zeigt sich allerdings, daß das Ei über ein recht dickes Fell verfügt und die Samen schon sehr energisch mit ihren Schwänzen schlagen müssen, um als erster die äußeren Hüllen der Eizelle zu durchdringen und so den ausschließlichen Zugang zum »Séparée« in ihrem Inneren zu erhalten. Ausschließlich ist der Zugang in der Tat, denn sobald *eine* Samenzelle bis zu einer bestimmten Stelle im Inneren des Eis vorgestoßen ist, sagt die Königin gewissermaßen »Den nehme ich!« und verschließt sich allen übrigen Kandidaten. Währenddessen dringt der »Sieger«, der zu diesem Zeitpunkt schon mehr als nur einen Fuß in der Tür hat, immer weiter in das Ei ein. Die anderen Samenzellen finden sich jedoch vor einer unsichtbaren Wand, und alle Versuche weiterzukommen sind vergebens.

Alle diese Vorgänge unter dem Mikroskop zu beobachten, ist schon ein Erlebnis. Während der Sieger sich im Inneren der Eizelle dem »Bodennullpunkt«, also dem Zellkern, nähert, schlagen die übrigen Hunderte oder Tausende von Spermien weiter mit den Schwänzen, und zwar *im Takt*. Das Ergebnis ist eine wellenförmige Bewegung, die an hohes Gras im Wind erinnert. Gleichzeitig bewirkt das gleichförmige Schlagen, daß sich das Ei immer schneller im Uhrzeigersinn dreht. Dr. Shettles bezeichnet dieses Schauspiel als den »Liebestanz«. Die erfolglosen Freier schlagen so lange mit ihren Schwänzen, bis sie an Erschöpfung sterben. Doch bis dahin scheinen sie mit ihrem verzweifelten Tun noch einen Zweck zu erfüllen, nämlich das Ei – das mittlerweile dabei ist, mit der einen Samenzelle zu verschmelzen, die in ihr Inneres eindringen konnte – in noch rasanterem Tempo den Eileiter hinab zur Gebärmutter zu treiben, die seine Ankunft kaum noch erwarten kann.

Der eine Samen, der es bis ins Innere der Eizelle schafft, geht in dem Moment über die Ziellinie, in dem er ihre äußere durchsichtige Haut (Zytoplasma) durchdringt. Sobald er diesen Punkt erreicht, werden biochemische Prozesse in Gang gesetzt, die die übrigen Samen zurückhalten. Eine heftige Vibration geht durch das Zytoplasma, beinahe so, als käme das Ei zu einem Orgasmus. Das Eindringen des Samens bewirkt außerdem einen letzten Reifungsprozeß der Eizelle. Auf dem Weg zum Mittelpunkt seines neuen Lebensraumes wirft der Samen dann sein »Bajonett«, das ihm beim Eindringen ins Zytoplasma behilflich war, und seinen Schwanz ab, der ihm ebenfalls ausgezeichnete Dienste geleistet hat.

Schließlich bleibt vom Samen nur noch der Pronukleus mit den 23 Chromosomen. Mit mittlerweile etwas respcktvollerem Tempo nähert sich der Pronukleus des Samens dem der Eizelle, der ebenfalls 23 Chromosomen enthält. Sobald sich beide vorsichtig berühren, beginnen ihre Membranen sich aufzulösen, und es kommt zur Vermählung der Chromosomen. Zuerst vermischen sie sich untereinander, dann bilden sie Paare. Auf diese Weise verbinden sich die 64 Chromosomen zu dem Kern einer neuen Zelle und eines neuen Lebens.

Das Geschlecht des neuen Menschen wird ausschließlich von der Art des Samens bestimmt, der als Sieger aus dem Rennen hervorgeht und schließlich mit der Eizelle verschmilzt. 22 Samenchromosomen entsprechen 22 Chromosomen der Eizelle und legen alle körperlichen Merkmale des neuen Lebewesens fest – mit Ausnahme des Geschlechts. Das letzte Chromosom der Samenzelle bildet ein Paar mit dem letzten Chromosom der Eizelle und bestimmt das Geschlecht. Das Geschlechtschromosom der Eizelle ist *immer* ein X-Chromosom. Das der Samenzelle kann jedoch entweder ein X- oder ein Y-Chromosom sein. Trägt die Sieger-Samenzelle ein X-Chromosom, dann wird aus den Geschlechtschromosomen ein XX-Paar, was für den Fachmann *Mädchen* bedeutet. Befindet sich in der Samenzelle aber ein Y-Chromosom, so ergibt sich ein XY-Paar, was soviel wie *Junge* heißt.

Soviel also zu der Methode, die Mutter Natur verwendet. Und nun zur Shettles-Methode.

Die Shettles-Methode:
Wie sie entstand und weiterentwickelt wurde

Fast seit Beginn seiner Laufbahn als Facharzt für Geburtshilfe und Frauenheilkunde traf Dr. Shettles auf Eltern, die sich wünschten, das Geschlecht ihrer Kinder wählen zu können. Bis Anfang der 60er Jahre glaubte Dr. Shettles, daß weder er noch sonst irgend jemand etwas gegen die Launen der Natur ausrichten könne. »Es sah ganz so aus, als stünden die Chancen weiterhin etwa 50 zu 50«, erinnert er sich.

Nicht zuletzt auf Drängen seiner Patienten begann er dennoch, Ausschau zu halten nach »irgend etwas, das man zu diesem Zweck nutzen könnte, insbesondere nach etwas, das mit den Unterschieden zwischen den damals schon bekannten 2 Samenarten zu tun hätte«.

Zwei Arten Spermien

Die 2 Spermienarten sind, wie wir aus dem vorangehenden Kapitel wissen, das Y-Spermium (das das Y-Chromosom für Jungen trägt) und das X-Spermium (das das X-Chromosom für Mädchen trägt). Seit einigen Jahren war also bekannt, daß das Y-Chromosom bedeutend kleiner als das X-Chromosom ist. Dr. Shettles hoffte, daß dieser Unterschied an der jeweiligen Größe des Kopfes (in dem sich der Zellkern befindet) der 2 Spermienarten ablesbar wäre. Dann könnte man beispielsweise auf recht einfache Weise die Samenarten feststellen, sie zum Zweck der künstlichen Befruchtung voneinander trennen und manches andere mehr. Leider war es Dr. Shettles nicht möglich, mit Hilfe herkömmlicher Mikroskope und Färbetechniken irgendeinen Unterschied zwischen den beiden Spermienarten zu sehen.

Er gab jedoch nicht auf und versuchte es immer wieder mit neuen Methoden, bis er sich, wie er berichtet, »eines Nachts entschloß, einige *lebende* Spermien unter einem Phasenkontrastmikroskop zu untersuchen«. Dieses damals noch recht neue Mikroskop kann durch verblüffende Lichteffekte und das Eintauchen der winzigen Objekte in Lichtkränze bis dahin noch nie gesehene Einzelheiten sichtbar machen. Unter den Händen eines Fachmanns erzeugt das Phasenmikroskop Bilder von großer Tiefenschärfe, die wirklichkeitsgetreuer sind als bei anderen Mikroskopen. Das Phasenmikroskop verlieh den lebenden Spermien eine faszinierende neue Dimension: die Samen, die über das Sehfeld schossen, wirkten Dr. Shettles zufolge ein wenig wie »elektrisierte Aale«. Er überlegte, daß man die Samen bei geringerer Geschwindigkeit noch besser betrachten könne. Er verlangsamte ihr Tempo, indem er die Flüssigkeit, in der sie schwammen, eine Spur gasförmiges Kohlendioxid zusetzte. Durch das Gas bewegten sich die Samenzellen wie in Zeitlupe.

»Sofort, als sie sich langsamer bewegten, konnte ich den Unterschied sehen«, berichtet Dr. Shettles. »Es waren zwei verschiedene Samenarten zu erkennen. Ich war so aufgeregt, daß ich gleich hinauslief und es dem ersten Laborassistenten erzählte, den ich finden konnte. Ich mußte einfach irgend jemandem zeigen, was ich entdeckt hatte.«

Kurz darauf, am 21. Mai 1960, veröffentlichte Dr. Shettles seine Ergebnisse in der angesehenen britischen Zeitschrift *Nature*. Am 5. Juni 1960 berichtete auch die New Yorker *Times* über seine Entdeckung.

Dr. Shettles untersuchte weiterhin Samenproben, und seine Beobachtungen blieben vielversprechend. In den meisten Proben fand er eine größere Anzahl Samen mit runden Köpfen als längliche Samen mit ovalen Köpfen. Diese Entdeckung entspricht der anerkannten Tatsache, daß mehr Jungen als Mädchen gezeugt werden (mehrere Studien haben gezeigt, daß auf etwa 110–170 gezeugte Jungen 90–100 gezeugte Mädchen kommen) und auf 100 geborene Mädchen ungefähr 105 Geburten von Jungen kommen.

Hin und wieder traf Dr. Shettles auf Samenproben, deren Samenart außergewöhnlich einheitlich war und die fast ausschließlich aus Spermien eines Typs bestanden. Die Männer, deren Samen fast nur länglich und oval waren, hatten hauptsächlich nur Töchter. Männer, die fast nur die andere Samenart aufwiesen, hatten auffallend viele Söhne.

In den Anfängen seiner Untersuchungen stieß Dr. Shettles auf eine Probe, die *ausschließlich* kleine Spermien mit runden Köpfen enthielt. Es stellte sich heraus, daß der Spender dieses Samens aus einer Familie kam, in der seit 256 Jahren fast nur Söhne geboren worden waren. In 2½ Jahrhunderten waren nur 2 Mädchen gezeugt worden.

Schnelligkeit gegen Ausdauer

Aufgrund dieser ersten Untersuchungen kam Dr. Shettles zu 3 Schlußfolgerungen, die für die Entwicklung seiner Geschlechtswahltheorien von großer Bedeutung sein sollten:

1. Die Jungen erzeugenden Samen sind kleiner und gedrungener als die Mädchen erzeugende Samenart.
2. Die Jungen erzeugenden Samen sind daher sehr wahrscheinlich schneller als die »dickeren«, Mädchen erzeugenden Spermien.
3. Dank ihres größeren Umfangs haben Mädchen erzeugende Samen vermutlich auch ein größeres Maß an Ausdauer.

Zwar wird immer noch darüber gestritten, ob es wirklich möglich ist, die 2 Spermienarten *optisch* zu unterscheiden – Tatsache aber ist, daß Dr. Shettles' Hypothese auch von anderen Seiten unzweifelhaft bestätigt wurde: daß nämlich die Y-Chromosomen tragenden und Jungen erzeugenden Spermien tatsächlich kleiner und schneller sind als die X-Chromosomen tragende Variante. An späterer Stelle in diesem Buch wird noch erläutert werden, daß dies auch durch andere Mittel als mit einem Phasenkontrastmikroskop gezeigt werden konnte. Dr. Shettles und einige andere sind nach wie vor der Ansicht, daß die Unterschiede zwischen den Samenarten sehr wohl unter einem Phasenkontrastmikroskop sichtbar gemacht werden können, wenn die Proben entsprechend präpariert und mit dem nötigen Sachverstand behandelt werden. Vom praktischen Standpunkt aus ist es müßig, über dieses Thema zu streiten. Neben anderen – und überzeugenderen – Bestätigungen dessen, was Dr. Shettles über die Schnelligkeit und Größe von Samen aussagte, ist es nur von untergeordneter Bedeutung.

Mit dem Jahr 1960 war Dr. Shettles an einer Stelle angekommen, an der er mit seiner Geschlechtswahltheorie ansetzen konnte. Wie bereits erwähnt, hatte er den Eindruck, daß in einer durchschnittlichen Ejakulation wesentlich mehr Jungen erzeugende als Mädchen erzeugende Spermien zu finden seien. Er vermutete, daß die zahlenmäßige Überlegenheit eine Art Ausgleich ihrer im Vergleich zu den kräftigeren »X«-Samen relativ zarten Konstitution sei.

Es scheint, daß das männliche Wesen schon vor der Empfängnis in einem Zustand von Unterlegenheit entsteht und sich diese Unterlegenheit durch sein gesamtes Leben zieht, was an vielerlei Tatsachen abzulesen ist: Daß es bei Jungen sehr viel öfter zu Fehl- und Totgeburten kommt als bei Mädchen, daß die Kindersterblichkeit bei Jungen höher ist als bei Mädchen, daß Frauen eine höhere Lebenserwartung haben und gegen viele Krankheiten mehr Widerstandskraft aufbringen usw. Nur durch ihren zahlenmäßigen Vorsprung bleibt die Anzahl von Männern und Frauen einigermaßen im Gleichgewicht.

Laut Dr. Shettles' Hypothese wird dieser Vorsprung von Anfang an mit einkalkuliert, und zwar von dem Moment an, in dem das Sperma während des Geschlechtsverkehrs in die Vagina ejakuliert wird. Um diese Hypothese auf ihre Richtigkeit zu überprüfen, brachte er Sperma in durchsichtige Röhrchen mit Absonderungen aus Gebärmutterhals (Cervix) und Vagina, die wie im natürlichen Milieu der weiblichen Fortpflanzungsorgane in unterschiedlichem Maße sauer oder basisch waren. Er stellte fest, daß in hauptsächlich saurer Flüssigkeit die länglichen, ovalen Spermien länger überlebten als die kleinen, runden Samen. Er beobachtete außerdem, daß in stark basischer Flüssigkeit die Jungen erzeugenden Spermien am schnellsten das andere Ende der Röhrchen erreichten, die er mit »physiologischen Rennbahnen« verglich. In den stärker sauren Absonderungen waren die Mädchen erzeugenden Samen die »Sieger«. Die sauren Flüssigkeiten forderten bei beiden Samenarten ihren Tribut, der jedoch bei den zierlicheren Spermien größer ausfiel.

Unter normalen Bedingungen werden die weiblichen Sekretionen immer stärker basisch, je näher der Zeitpunkt des Eisprungs heranrückt, wodurch die Natur die Chancen einer Befruchtung erhöht. Je weiter der Eisprung entfernt ist, ob davor oder danach, desto saurer werden die Absonderungen. Experimente haben gezeigt, daß Mädchen erzeugende Samen nicht nur Säuren besser standhielten, sondern sich auch bei einer Reihe von Belastungen, wie Hitze, giftigen Chemikalien usw., als widerstandsfähiger erwiesen.

Auf den richtigen Zeitpunkt kommt es an

Mit diesem Wissen als Grundlage wurde deutlich, das *die Wahl des richtigen Zeitpunkts hinsichtlich des Eisprungs* wahrscheinlich das entscheidende Element bei der Geschlechtswahl sein würde. Dr. Shettles stellte die Theorie auf, daß bei Geschlechtsverkehr zum oder kurz vor dem Zeitpunkt des Eisprungs mit hoher Wahrscheinlichkeit ein Junge gezeugt würde. Der Grund dafür liegt darin, daß die Absonderungen der weiblichen Fortpflanzungsorgane während des Eisprungs oder kurz davor hauptsächlich basisch sind und damit das schnellere Y-Chromosom begünstigen. Findet der Geschlechtsverkehr, der zu einer Befruchtung führt, jedoch 2 oder 3 Tage vor dem Eisprung statt, ist die Wahrscheinlichkeit, ein Mädchen zu zeugen, größer, da dann die Sekretionen stärker sauer sind. Das erklärt sich dadurch, daß die X-Samen während der längeren Wartezeit auf die Eizelle in dem sauren Milieu die besseren Überlebenschancen haben. Hier können die Spermien mit den X-Chromosomen beweisen, daß sie die größere »Ausdauer« haben.

Dr. Shettles arbeitete sich durch die einschlägige wissenschaftliche und medizinische Literatur, auf der Suche nach einer Bestätigung seiner aufkeimenden Theorie. Er erfuhr über bestimmte Beobachtungen, die Praktiker der Geschlechtswahl in der Vergangenheit hinsichtlich des Säure- beziehungsweise Alkaligehalts der weiblichen Fortpflanzungsorgane gemacht hatten.

Mehrere Jahrzehnte zuvor, in den 30er Jahren, hatte der deutsche Forscher Dr. Felix Unterberger verschiedene Erscheinungen der Unfruchtbarkeit mit Soda-(Natriumkarbonat-)Spülungen behandelt. Ihm war aufgefallen, daß mehrere seiner unfruchtbaren Patientinnen Sekrete mit außergewöhnlich hohem Säuregehalt hatten. Er vermutete, daß Säure sich schädlich auf Sperma auswirkte. Wendeten die Frauen Spülungen mit dem basischen Soda an, glich das den Säuregehalt in etwa aus, und mehrere dieser Frauen wurden schwanger. Sowohl Dr. Unterberger als auch andere berichteten von der ebenso erstaunlichen Tatsache, daß eine große Zahl dieser

Frauen Jungen zur Welt brachten – sehr viele mehr als wahrscheinlich gewesen wäre. Einige andere Ärzte griffen die Arbeit des deutschen Forschers auf und kamen zu ähnlichen Ergebnissen.* Sogar Kaiser Hirohito von Japan soll zur Verwirklichung seines Wunsches nach einem männlichen Thronfolger erfolgreich mit alkalihaltigen Spülungen vorgegangen sein.

Dr. Shettles konnte in der Fachliteratur weder eine hinlängliche Bestätigung noch Widerlegung der Arbeit Dr. Unterbergers finden. Unterbergers Theorie hatte sich einer kurzen Popularität erfreut, um dann wieder unterzugehen – mangels exakter wissenschaftlicher Überprüfung durch andere Ärzte, die Sodaspülungen für unter ihrer Würde hielten. Nichtsdestoweniger klangen die Ergebnisse aus den 30er Jahren interessant und zielten zweifellos in dieselbe Richtung wie Dr. Shettles' eigene Vorstellungen zur Geschlechtswahl. Er bezweifelte allerdings, daß Alkalispülungen allein eine sehr verläßliche Methode zur Zeugung von Jungen wären. Ihm erschien der Zeitpunkt sehr viel wichtiger, hielt aber *zusätzliche* Spülungen für ein möglicherweise nützliches Hilfsmittel.

Dr. Shettles traf auch mehrfach auf Hinweise, die bis ins vergangene Jahrhundert zurückreichten und die angebliche Bedeutung des Orgasmus der Frau für das Geschlecht des Kindes hervorhoben. Einige Forscher behaupteten, daß die Wahrscheinlichkeit, einen Jungen zu zeugen, höher sei, wenn die Frau während des Geschlechtsverkehrs zum Orgasmus kommt, vor allem, wenn sie ihn vor dem Mann erreicht. Sollte etwas Wahres an diesen hartnäckigen Behauptungen sein, so schloß Dr. Shettles, dann könnte das damit zusammenhängen, daß der Orgasmus der Frau die Sekretionen stärker basisch werden läßt.

Selbst im Talmud, der vor vielen Jahrhunderten entstand, wird ein Zusammenhang zwischen dem Orgasmus der Frau und dem Geschlecht des Nachkommen erwähnt. »Das Geschlecht wird in dem Augenblick des Beischlafs bestimmt«, heißt es

---

* Die Berichte erschienen unter anderem in der medizinischen Zeitschrift *Lancet*.

dort. »Stößt die Frau ihren Samen vor dem Mann aus (d. h., hat sie ihren Orgasmus zuerst), wird es ein Junge. Im umgekehrten Fall wird es ein Mädchen.« Wollte ein Mann also einen Sohn, so war er angewiesen, sich »zurückzuhalten«, bis seine Frau zum Orgasmus gekommen war.

Zu sehen, wie Hinweise aus dem Talmud mit Forschungsberichten aus jüngerer Zeit übereinstimmen, war an sich schon sehr interessant. Dr. Shettles fand jedoch noch eine andere Verhaltensmaßregel im Talmud, die mindestens ebenso aufschlußreich ist. Orthodoxen Juden war es untersagt, während der »unreinen« Zeit der Frau, also während ihrer Menstruation, und der darauffolgenden Woche Geschlechtsverkehr zu haben. Dr. Shettles befragte maßgebliche Vertreter der orthodoxen Juden, die ihm bestätigten, daß viele jüdische Ehepaare in den ersten 2 Wochen des Zyklus Enthaltsamkeit üben. Auf diese Weise findet der 1. Geschlechtsverkehr eines Zyklus kurz vor oder zum Zeitpunkt des Eisprungs statt.

Diese Information zusammen mit der weniger entscheidenden, aber dennoch bemerkenswerten Regel über den Orgasmus der Frau (von dem ein Ansteigen des Alkaligehaltes ausgehen kann), überlegte Dr. Shettles, könnte die Antwort darauf sein, wie es zu der unverhältnismäßig hohen Zahl männlicher Geburten unter orthodoxen Juden kommt, die seit Jahrzehnten festgestellt wird.

Von noch größerer Bedeutung war für Dr. Shettles sein Material über künstliche Befruchtung. Sollte seine Theorie zutreffen, so war er sich sicher, daß bei künstlicher Befruchtung sehr viel mehr Jungen als Mädchen gezeugt werden müßten. Der Zeitpunkt für eine solche Befruchtung wird nämlich in der Regel so gelegt, daß sie möglichst mit dem Eisprung zusammenfällt, um so die Chancen für eine Empfängnis zu vergrößern. (Künstliche Befruchtung kann kostspielig und eine beträchtliche psychische Belastung für Frauen sein. Daher versuchen die Ärzte, eine Schwangerschaft mittels künstlicher Befruchtung mit möglichst wenigen Versuchen zu erreichen.) Ein gewissenhafter Arzt wird vor einer künstlichen Befruchtung alles tun, um den exakten Zeitpunkt des Eisprungs festzustellen.

Dr. Shettles überprüfte die medizinischen Berichte einiger tausend Frauen, die künstlich befruchtet worden waren, und stellte fest, daß auf 100 geborene Mädchen 160 Jungen kamen! Diese Ergebnisse wurden auch von vielen anderen Seiten bestätigt. Bei künstlicher Befruchtung werden tatsächlich überwiegend Jungen geboren, ganz so, wie Dr. Shettles es vorausgesehen hatte.

Den Eltern kann geholfen werden!

Mit diesen Erkenntnissen ausgerüstet, begann Dr. Shettles gegenüber Patienten, die ihn in Sachen Geschlechtswahl um Rat baten, vorsichtig anzudeuten, daß er einigen von ihnen *eventuell* endlich helfen könne. Etwa zur gleichen Zeit begann auch seine Zusammenarbeit mit der inzwischen verstorbenen Dr. Sophia Kleegman, die bei der Erforschung der künstlichen Befruchtung Pionierarbeit leistete, Dozentin für Gynäkologie an der Medizinischen Fakultät der Universität New York und Leiterin der dortigen Klinik für Unfruchtbarkeit war. Dr. Kleegmann, ließ Spermaproben ihrer Patienten von Dr. Shettles analysieren. Bei dem Versuch, Eltern dazu zu verhelfen, das Geschlecht ihres Kindes vorauszubestimmen, konnten beide Ärzte bald von beträchtlichen Erfolgen berichten.

Dr. Shettles fügte der zeitlichen Planung des Geschlechtsverkehrs einige weitere Vorgehensweisen hinzu und stellte fest, daß die betroffenen Patienten auch ohne künstliche Befruchtung in mindestens 75 Prozent der Fälle Kinder des gewünschten Geschlechts bekamen. (Für Jungen war die Erfolgsquote höher als für Mädchen.)

Die genauen Einzelheiten der gesamten Shettles-Methode auf ihrem neuesten Stand werden an späterer Stelle erläutert. Gehen wir zunächst bei einem kleinen Abstecher auf die Grundlagen der Methode ein, wie Dr. Shettles sie in einer wissenschaftlichen Veröffentlichung im *International Journal of Gynecology and Obstetrics* aus dem Jahre 1970 dargelegt hat. Hier einige Auszüge daraus:

> Sowohl die Unterschiede in Form und Größe
> als auch die Übereinstimmung zwischen dem

Gesamtverhältnis der Spermienarten und der Quote der gezeugten Geschlechter lassen darauf schließen, daß die Entscheidung des Geschlechts nicht nur eine Frage der Spermienanzahl ist, sondern auch andere Faktoren eine Rolle spielen. Einer dieser Faktoren ist Schnelligkeit, durch den die kleineren, Y-Chromosomen tragenden Spermien im Vorteil wären. Da sie kleiner sind als die Spermien mit dem X-Chromosom, können sie sich vermutlich bei gleichem Energieaufwand sehr viel schneller durch die zum Zeitpunkt der Ovulation abgesonderten Sekrete bewegen, so daß mit größerer Wahrscheinlichkeit sie es sein werden, die eine Befruchtung herbeiführen. Bei Versuchen mit Kapillarröhren, die mit zervikalem Schleim, abgesondert bei Ovulation, gefüllt waren, gingen die Spermien mit den kleineren Köpfen auf einer Strecke von etwa 30 Zentimetern ausnahmslos als Sieger hervor.

Ein weiterer Faktor, der die jeweiligen Spermienarten begünstigen kann, besteht darin, ob Enthaltsamkeit geübt wird oder nicht . . . Enthaltsamkeit bedingt ein erhöhtes Vorkommen der rundköpfigen »männlichen« Spermien. Oligospermie (geringe Samenzahl) dagegen bedeutet eher weiblichen Nachwuchs. Bei Männern mit 20 Millionen Spermien/cm^3 ist die Wahrscheinlichkeit, ein Mädchen zu zeugen, umgekehrt proportional zu der Anzahl der Samen. Liegt die Samenzahl bei 1 Million oder darunter, kommt es nur zu weiblichen Geburten . . . Das ist ein Hinweis dafür, daß die Spermien mit dem X-Chromosom (die also weibliches Geschlecht hervorbringen) die überlebensfähigeren sind.

Ein 3. Faktor ist die Langlebigkeit, die einen Vorteil für X-Chromosomen tragende Spermien bedeutet. Ist das Ei schon zur Befruchtung bereit, kommt dieser Faktor wohl kaum zum Tragen; gegebenenfalls kann die Befruchtung aber auch durch ein widerstandsfähiges Spermium geschehen, das mehrere Tage im Eileiter überstanden hat.

In Zusammenhang hiermit steht das unterschiedliche Milieu innerhalb des Gebärmutterhalses vor und zum Zeitpunkt der Ovulation. Während der Ovulation ist der dort abgesonderte Schleim – neben anderen Merkmalen – besonders reichhaltig, besonders basisch, sehr viel weniger dickflüssig als sonst und bietet den Spermien die besten Bedingungen, um einzudringen und zu überleben. Das stärker saure Milieu dagegen, das etwa bis zu 1 Tag vor dem Eisprung im Gebärmutterhals herrscht, erschwert den Spermien ein Weiterkommen. In dieser Zeit haben nur die widerstandsfähigsten Spermien eine Überlebenschance. Die Fähigkeit, Jungen und Mädchen zu zeugen, ist offenbar von Mann zu Mann völlig verschieden. Die Nutzung der jeweiligen »Fortpflanzungsgaben« hängt größtenteils vom zeitlichen Verhältnis zwischen Koitus und Ovulation ab.

Besonders hervorzuheben ist die Einführung eines weiteren Faktors, der bisher noch nicht vorkam: die Samenanzahl. Dr. Shettles' Untersuchungen zufolge neigen Männer mit geringer Samenanzahl – sofern sie nicht deshalb unfruchtbar sind – dazu, eher Mädchen als Jungen zu zeugen. Die Gründe dafür liegen auf der Hand. Die Einflüsse, die hauptsächlich für eine geringere Samenanzahl verantwortlich sind (verschiedene Krankheiten, bestimmte toxische Stoffe, übermäßige Hitze, Streß usw.), fordern ihren Tribut in der Regel zuerst unter den schwächeren »männlichen« Samen. Die robusteren »weiblichen« Samen dagegen überleben zumeist.

Nun sind Ihnen also die wichtigsten Grundlagen der Shettles-Methode bekannt. Aber wie wissenschaftlich ist diese Methode? Wurde sie von anderen bestätigt oder bestritten? Die Antworten darauf finden Sie im nächsten Kapitel.

Ist die Shettles-Methode wissenschaftlich gesichert?

Wir haben behauptet, daß wir die Shettles-Methode für das wissenschaftlich am zuverlässigsten gestützte Verfahren der Geschlechtswahl halten. Die Methode gründet sich hauptsächlich auf folgende Beobachtungen:

1. Spermien mit dem Y-Chromosom, die für die Entstehung von Jungen verantwortlich sind, sind kleiner als Spermien mit dem X-Chromosom.
2. Unter Idealbedingungen können sich Y-Spermien schneller fortbewegen als X-Spermien.
3. X-Spermien sind ausdauernder als Y-Spermien und gegenüber bestimmten Formen von Belastung widerstandsfähiger.

Aufgrund dieser Beobachtungen kam Dr. Shettles zu folgenden Schlußfolgerungen:

1. Findet der Geschlechtsverkehr kurz vor oder zum Zeitpunkt des Eisprungs statt, hat das schnellere »männliche« Spermium die besseren Aussichten, die Eizelle zuerst zu erreichen und zu befruchten, da dann die physiologischen Sekrete stärker basisch und damit empfänglicher für das Eindringen der Samen sind.
2. Findet der Geschlechtsverkehr mehr als 1 Tag vor dem Eisprung statt, so hat das größere und widerstandsfähigere »weibliche« Spermium die besseren Aussichten, die Eizelle zu befruchten, da dann die Sekrete noch in großem Maße sauer sind und damit die meisten der weniger widerstandsfähigen Y-Spermien vernichten.

Die Werte über Größe und Schnelligkeit

Wie im vorangehenden Kapitel beschrieben, hat Dr. Shettles seine Hypothese über die Zusammenhänge zwischen Schnelligkeit und Größe der 2 Samenarten in Experimenten überprüft. Er tat dies in verschiedenster Weise. Zunächst beobachtete er das Verhalten der 2 Samenarten unter wechselnden Bedingungen *in vitro* – also durch Laborversuche in Reagenzgläsern. Er ließ die Spermien in mit Sekreten gefüllten Kapillarröhren »um die Wette laufen«, wobei er die winzigen Y-Spermien mit Hilfe eines speziellen Farbstoffs zum »Leuchten« brachte. So konnte er nachweisen, daß die »männlichen« Y-Samen tatsächlich meist dann als »Sieger« hervorgehen, wenn die Sekrete den Absonderungen gleichen, die kurz vor oder zum Zeitpunkt des Eisprungs vorherrschen. Mit der gleichen Vorgehensweise konnte Dr. Shettles zeigen, daß die größeren »weiblichen« Spermien in stärker sauren Sekreten, wie sie in den Tagen vor dem Eisprung hauptsächlich vorkommen, länger überleben.

Noch wichtiger sind die Methoden, die Dr. Shettles zur Entnahme von Spermien aus den weiblichen Fortpflanzungsorganen entwickelt hat. Experimente *in vivo* (die also am lebendigen Organismus vorgenommen werden) haben größere Überzeugungskraft als Experimente *in vitro* (»im Glas«, also in Reagenzgläsern). Indem Dr. Shettles zu verschiedenen Zeitpunkten nach dem Geschlechtsverkehr Samenproben entnimmt, kann er unter naturgemäßen Bedingungen hinsichtlich des Eisprungs feststellen, ob eine der Samenarten zu einem bestimmten Zeitpunkt besser »im Rennen liegt« als die andere.

Im Verlauf solcher Experimente *in vivo* fand Dr. Shettles heraus, daß, wenn der Geschlechtsverkehr während des (im Labor nachgewiesenen) Eisprungs stattfand, die Jungen erzeugenden Spermien tatsächlich an der Spitze lagen. Die basischen Sekretionen zu diesem Zeitpunkt boten, ganz wie Dr. Shettles es vorausgesagt hatte, die idealen Bedingungen für ein Eindringen der Y-Spermien. Ließ man den Geschlechtsverkehr dagegen während der Zeit vor dem Eisprung erfolgen, zu der saure Sekretionen überwiegen, wurden in den von der Öffnung der Vagina am weitesten entfernt liegenden Bereichen der Fortpflanzungsorgane hauptsächlich X-Spermien gefunden.

Von mancher Seite wurde bestritten, daß Y-Spermien sich schneller als X-Spermien bewegen. In einem in *Fertility and Sterility* (März 1978) veröffentlichten Brief wies Dr. Shettles jedoch darauf hin, daß sich diese entgegengesetzte Meinung auf Versuche stützte, bei denen die Spermien in Lösungen gebracht wurden, die nicht den Substanzen entsprachen, die überwiegend in weiblichen Fortpflanzungsorganen zu finden sind. Manche solcher Lösungen enthielten nicht einmal annähernd den pH-Wert oder andere biochemische Faktoren, wie sie *in vivo* Bestandteile des Fortpflanzungszyklus sind. Aber wie Dr. Shettles in der genannten Veröffentlichung bemerkt, sind selbst Substanzen mit ähnlichem pH-Wert nicht mit den natürlichen Sekretionen vergleichbar:

> Es muß unbedingt darauf hingewiesen werden, daß das Verhalten von Spermatozoen (Spermium) in zervikalen Sekreten zum Zeitpunkt der Ovulation sich völlig von dem in [künstlichen] chemischen Lösungen des gleichen pH-Werts unterscheidet. Im zervikalen Schleim wird die Amplitude der Bewegung der Spermien während der Ovulation geringer, während sich ihre Frequenz erhöht – die Bewegung verläuft geradlinig und geschieht in ruckartigen Schüben nach vorn . . . In der künstlichen Flüssigkeit, die in den anderen Versuchen verwendet wurde zeigt sich die Bewegung eher ziellos und ungeordnet.

Einige andere Wissenschaftler, die ebenfalls natürliche Sekretionen vom Zeitpunkt der Ovulation verwendeten, bestätigten jedenfalls Dr. Shettles Beobachtungen. In der Ausgabe des *American Journal of Obstetrics and Gynecology* vom 15. Mai 1977 führte er einen Teil der ihn bestätigenden Nachweise an:

Bei ihren Studien zur progressiven Beweglichkeit von Spermien im zervikalen Schleim der Frau fanden Rohde und Kollegen im vordersten Teil der Spermienansammlung einen kleinen Bereich, in dem sich auffallend viele Y-Spermien befanden, die mittels einer speziellen Färbemethode identifiziert werden konnten. Kaiser und Mitarbeiter berichten ähnliche Ergebnisse bei Versuchen in vitro. Roberts' Beobachtungen an mit Hilfe von Zentrifugalkraft getrennten Spermien stützen die Vermutung, daß Y-Spermien beweglicher, kleiner und leichter sind. Ericsson und Mitarbeiter berichten über vereinzelte Bereiche mit hohem Y-Spermien-Anteil, die sie in Versuchen über progressive Spermien-Beweglichkeit in Lösungen aus Rinderserum-Albumin verschiedener Dichten feststellten. Sie gingen dabei mit Fluorochrom-Farbstoff und Fluoreszenzmikroskopie vor.

Dr. phil. Ericsson entwickelte eine Methode zur künstlichen Konzentration »männlicher« Spermien, die auf deren größerer Schnelligkeit im Schwimmen basiert. Er ließ sich sein Verfahren patentieren, so daß jeder Benutzer dafür bezahlen muß. Dr. Ericsson erklärte, daß seine Methode der Geschlechtswahl, die nur für Jungen anwendbar ist und künstliche Befruchtung erfordert, in keiner Weise von Dr. Shettles' Entdeckungen abgeleitet sei. Dr. Shettles selbst wies lediglich darauf hin, daß er bereits vor Dr. Ericsson über die schnellere Schwimmfähigkeit der Y-Spermien veröffentlicht hatte.

Überdies behauptete Dr. Ericsson, Dr. Shettles liefere nur »mangelnde Beweise« für seine Theorie. Daß dies offenkundig unzutreffend ist, wird in diesem Kapitel dokumentiert. Solche Kritik erscheint besonders ungerechtfertigt, da es Dr. Ericsson ist, den medizinische Fachkreise wegen »verfrühter Publikationen« kritisiert haben, da er keinen ausreichenden Beweis für *seine* Behauptungen erbrachte.

Vor kurzem legte Dr. Ericsson gründlicheres Beweismaterial für seine Arbeiten vor, und wir sind der Meinung, daß sein Verfahren der Trennung von Samen, die sich auf die schnellere Schwimmfähigkeit der Y-Spermien stützt, Gültigkeit hat. Sein Verfahren steht in keinem Punkt im Widerspruch zu Dr. Shettles' Erkenntnissen – die Grundlage des Verfahrens stimmt im Gegenteil mit einer seiner Feststellungen überein. Dennoch zeigen Methoden der Geschlechtswahl durch künstliche Befruchtung ernstliche Mängel, auf die später noch näher einzugehen sein wird. Zur Zeit liegt die Erfolgsquote solcher Methoden (die auch nur angewendet werden können, wenn ein Junge gewünscht wird) nicht höher als die, die Dr. Shettles und andere unabhängige Wissenschaftler verbuchen können, die *nicht* auf künstliche Befruchtung zurückgreifen.

Von vielen Seiten wurde zusätzlich bestätigt, daß die »männlichen« Y-Spermien kleiner sind und sich rascher fortbewegen. Es konnte sogar gezeigt werden, daß Unterschiede in der DNS (Träger der genetischen Informationen) bei X- und Y-Spermien für deren so unterschiedliche Beweglichkeit und Schnelligkeit verantwortlich sind. Der Nachweis hierfür konnte *in vivo* und *in vitro* erbracht werden.

Der bekannte indische Zoologe Dr. B. C. Bhattacharya beobachtete vor einigen Jahren, daß die Bauern seines Landes es vorzogen, ihre Kühe gegen Abend künstlich befruchten zu lassen, weil sie der Ansicht waren, daß Befruchtungen bei Sonnenuntergang eher zu den gewünschten Bullen führten. Dr. Bhattacharya untersuchte diesen Brauch näher und fand heraus, daß die Bauern tatsächlich recht hatten. Er kam zu dem Schluß, daß das an der unterschiedlichen Geschwindigkeit lag, in der die 2 Spermienarten in ihren Behältern nach unten absinken. Die schwereren »weiblichen« Samen sanken offensichtlich zuerst nach unten, so daß gegen Ende des Tages vor allem die leichtere »männliche« Samenart an der Oberfläche schwamm und zur Befruchtung verwendet wurde.

Später experimentierte Dr. Bhattacharya in der Bundesrepublik am namhaften Max-Planck-Institut mit Kaninchensamen, den er unter ähnlichen Bedingungen absinken ließ. Um die

Spermien daran zu hindern, daß sie umherschwammen, wurden sie gekühlt, und schon begann die Trennung der beiden Samenarten. Die schwereren »weiblichen« Samen sanken nach unten. Kaninchen, die mit Samen vom Boden des Behälters befruchtet wurden, brachten in 72 Prozent der Fälle weiblichen Nachwuchs zur Welt. Kaninchen, die Samen von der Oberfläche des Behälters erhielten, bekamen in 78 Prozent der Fälle männliche Nachkommen.

Zwei andere Wissenschaftler, E. Schilling vom Max-Planck-Institut und P. Schmid aus Zürich, bestätigten später diese Ergebnisse. Sie konnten unter anderem nachweisen, daß schon geringe Größenunterschiede bei manchen Spermien einen Schnelligkeitsunterschied von bis zu 28 Prozent ausmachen können.

Vor nicht allzu langer Zeit legte Dr. Alan Barr vom Rensselaer Polytechnic Institute (Albany, N. Y.) eine Dissertation vor unter dem Titel »*Die Kopfform der Spermatozoen: Eine theoretische Analyse*«. Auch er stellte fest, daß der Kopf eines X-Samens größer als der eines Y-Samens ist. Er erwähnte außerdem die höhere Schnelligkeit des Y-Samens.

Beweise für die größere Ausdauer der X-Spermien

Die Beweise für Dr. Shettles' Hypothese über die höhere Belastbarkeit der X-Spermien sind zwar weniger direkt, aber nicht weniger aussagekräftig. Im Rahmen seiner Arbeit auf dem Gebiet der Unfruchtbarkeit fand Dr. Shettles heraus, daß Männer mit geringer Samenanzahl zu einem Übergewicht an Spermien mit X-Chromosomen neigen. Er stellte die Theorie auf, daß die zahlreichen Einflüsse, die bekanntermaßen eine Verringerung der Samenanzahl zur Folge haben, wie etwa Hitze, bestimmte Drogen, Medikamente, Giftstoffe und sogar psychischer Streß, zuerst die kleineren und empfindlicheren Spermien mit dem Y-Chromosom vernichten.

OBGYN News berichtete in ihrer Ausgabe vom 15.–31. Oktober 1982 über eine Untersuchung an Berufstauchern, bei der gezeigt wurde, daß die Taucher hauptsächlich Töchter hatten (auf 85 Töchter kamen 45 Söhne). Der Leiter dieser Studie bezeichnete diesen Unterschied als »sehr bedeutsam« und wies darauf hin, daß bei früheren Untersuchungen festgestellt wurde, daß auch Piloten der Luftwaffe, die in großen Höhen fliegen, weit mehr Töchter als Söhne haben. Sowohl Tiefseetaucher als auch Piloten in großer Flughöhe sind natürlich ungewöhnlichen Belastungen in Form von extrem unterschiedlichen und ständig wechselnden Luftdruckverhältnissen, verändertem Sauerstoffdruck, unter Umständen (im Falle der Piloten) auch Strahlungen und übermäßiger Erwärmung des Hodensacks (etwa durch enganliegende Taucher- und Fliegeranzüge) ausgesetzt. Die Tatsache, daß diese Männer so viele Töchter zeugen, fügt sich in Dr. Shettles' Hypothese über die »größere Widerstandskraft« der ausdauernderen »weiblichen« X-Spermien.

Anderen Untersuchungen zufolge zeugen auch schizophrene und drogenabhängige Männer mehr Mädchen als Jungen. Ebenso sollen Anästhesisten hauptsächlich Töchter bekommen. Nachdem vor einigen Jahren eine Kopenhagener Studie diese Erkenntnis bekanntgab, erkundigte sich Dr. Shettles bei einem Anästhesistenkollegen, der diese Beobachtung aus seiner eigenen inoffiziellen Umfrage unter ihm bekannten Anästhesisten bestätigte. Eine Zählung aller von ihnen gezeugten Kinder ergab ein Verhältnis von 4 Mädchen auf 1 Jungen. Es ist eine bekannte Tatsache, daß Anästhesisten bei ihrer Arbeit zahlreichen giftigen Substanzen ausgesetzt sind.

Einige wenige Studien haben gezeigt, daß von ganz bestimmten Krankheiten Betroffene eher männlichen als weiblichen Nachwuchs haben. Die meisten Untersuchungen berichten jedoch das Gegenteil. So wurde beispielsweise vor kurzem eine Gruppe von Männern untersucht, die an Non-Hodgkin-Lymphomen erkrankt waren. Unter den 190 Kindern, die die Männer dieser Gruppe insgesamt haben, waren nur 36 Jungen, also eine erstaunlich geringe Zahl. Anderen Berichten zufolge können auch verschiedene Virusinfektionen in ähnlicher Weise zu vermehrtem weiblichen Nachwuchs führen.

Im Jahre 1978 schrieb Dr. Shettles in der Februarausgabe der Zeitschrift *Medical Aspects of Human Sexuality,* daß die widerstandsfähigeren X-Spermien auch in einer Reihe anderer Umstände mit großer Wahrscheinlichkeit vorherrschten. So seien Babys, die aufgrund einer mißglückten Empfängnisverhütung durch natürliche Methoden geboren würden, überwiegend weiblich. Dasselbe gilt für Babys, die aus einer fehlgeschlagenen Empfängnisverhütung durch säurehaltigen Schaum oder Gels mit oder ohne Verwendung von Diaphragmen entstehen. Nach Dr. Shettles' Überzeugung liegt der Grund dafür darin, daß die Samen mit X-Chromosomen das saure Milieu eher überleben. Auch die große Zahl Mädchen, die infolge fehlgeschlagener Empfängnisverhütung durch natürliche Methoden geboren werden, ist auf diese Ursache zurückzuführen. Natürliche Methoden versagen oft, wenn Frauen, die den Tag des Eisprungs sehr genau bestimmen können, es darauf ankommen lassen und 2, 3 oder 4 Tage vor dem errechneten Eisprung Geschlechtsverkehr haben. Die Mehrzahl der Samen wird vor dem Eisprung absterben, doch *wenn* einige überleben sollten, so sind es mit größter Wahrscheinlichkeit die widerstandsfähigeren »weiblichen« Spermien. Die Shettles-Theorie hat dies so vorausgesagt, und es sieht ganz so aus, als behielte sie recht.

In letzter Zeit fragte sich mancher, wie es kommt, daß auch so viele der »Retortenbabys« Mädchen sind. Diese Babys entstehen aus Eizellen, die in Laborgefäßen befruchtet und dort einige Tage gehalten werden, bis man sie in die Gebärmutter der Mütter einpflanzt, die sie dann austragen. Frauen, die zwar lebensfähige Eizellen produzieren, aber verklebte oder überhaupt keine Eileiter haben, können jetzt die Eizellen entnommen werden, die dann mit dem Samen ihres Mannes befruchtet und zu gegebener Zeit wieder in die Gebärmutter eingesetzt werden. Seit 1978 sind auf diese Weise 150 Babys gezeugt worden.

Wir wissen zwar nicht genau, wie viele Jungen und Mädchen mit Hilfe solcher neuen Methoden geboren worden sind – in verschiedenen Berichten wurde jedoch erwähnt, daß in einigen der Kliniken, die mit diesen Verfahren arbeiten, mehr Mädchen als Jungen gezeugt wurden. So waren beispielsweise von den ersten 9 australischen »Retortenbabys« 8 Mädchen und eines ein Junge. In einem Brief an das *American Journal of Obstetrics and Gynecology* vom 15. Mai 1982 äußerte Dr. Shettles die Vermutung, daß die für die Befruchtung im Reagenzglas vorgesehenen Samen durch rigoroses Präparieren Belastungen ausgesetzt werden, die sich selektierend auswirken und die widerstandsfähigeren X-Spermien begünstigen. Die für die künstliche Befruchtung verwendeten Samenzellen werden »gewaschen«, in verschiedenen Flüssigkeiten aufgelöst, zentrifugiert usw.

Hitze ist offenbar diejenige Form von »Streß«, die sich am stärksten auf die Samenmenge auswirkt. Falls die Beobachtung von Dr. Shettles, Dr. Kleegman und anderen zutrifft, daß bei hohen Samenmengen mehr Jungen gezeugt werden, dann kann Dr. Shettles' Ratschlag des »Kühlhaltens« nicht nur zu optimaler Fruchtbarkeit, sondern auch zu größeren Chancen für die Zeugung von Söhnen verhelfen.

Die Tatsache, daß Hitze die Samenanzahl verringert, ist inzwischen unbestritten. Bisher unbewiesen ist, ob eine verminderte Samenanzahl zu mehr weiblichem Nachwuchs führt, aber die Indizienbeweise legen diesen Schluß sehr nahe. Einige dieser Beweise wurden bereits erwähnt. Es besteht sogar die Möglichkeit, daß auch das Klima das Geschlecht beeinflussen kann. Der kanadische Genetiker Dr. Herman M. Slatis von der Magill University in Montreal hat die Behauptung aufgestellt, daß im Sommer mehr Jungen als im Winter zur Welt kommen. Von anderer Seite wurde behauptet, daß Männer, die in kalten Klimaverhältnissen leben, in der Regel mehr Jungen als Mädchen zeugen. Diese Aussagen müssen nicht notwendigerweise widersprüchlich sein, da Dr. Slatis' »Sommerjungen« ja in den kalten Jahreszeiten Herbst oder Winter gezeugt wurden.

Direkte und unabhängige Bestätigung

Bisher ging es nur um Beweise, die indirekt oder zum Teil die Richtigkeit der Shettles-Methode bestätigen. Zu dieser Kategorie gehört auch das Material über künstliche Befruchtung, da es zeigt, was geschieht, wenn die Befruchtung dem Zeitpunkt des Eisprungs so nahe wie möglich kommt. (Wie bereits erwähnt, folgt daraus eine auffallend hohe Zahl männlicher Geburten.) Gibt es aber außer diesem Material, das größtenteils schon für sich selbst genommen sehr wichtig ist, auch eine *direkte, unabhängige* Bestätigung von Dr. Shettles' Arbeit? Mit anderen Worten: Haben auch andere Wissenschaftler diese Methoden mit der ausdrücklichen Absicht angewandt, Geschlecht im voraus zu bestimmen und vergleichbare Ergebnisse erhalten?

Die Antwort lautet: ja.

Einer der ersten, Dr. Shettles direkt bestätigenden Berichte kam von Dr. Franciszek Benendo, dessen wissenschaftliche Veröffentlichung in der Zeitschrift *Polish Endocrinology* später in zusammengefaßter und kommentierter Form in der *Medical World News* vom 13. August 1972 erschien. Ihr Anfang lautet:

> Vor etwa 1½ Jahren schlug Dr. Landrum B. Shettles der Columbia University College of Physicians and Surgeons eine Methode für zukünftige Eltern vor, die das Geschlecht ihres Kindes im voraus bestimmen wollten. Seine Empfehlungen stützten sich auf Einflüsse wie den pH-Wert des Zervikal- und Vaginalschleims zu bestimmten Zeitpunkten des weiblichen Menstruationszyklus sowie umstrittene Theorien hinsichtlich der unterschiedlichen Größe und Form der X- beziehungsweise Y-Chromosomen tragenden Spermatozoen. Seiner Ansicht nach besteht ein wesentliches Element der Bestimmung des zukünftigen Geschlechts im zeitlichen Verhältnis des Geschlechtsverkehrs zum Eisprung.
>
> Ein europäischer Arzt bestätigt jetzt in seiner Untersuchung einen Teil der Shettles-These. Ohne auf die vermutete physiologische

Grundlage einzugehen, auf die der New Yorker Frauenarzt seine Methode stellt, bestätigt Dr. Franciszek Benendo vom Kreiskrankenhaus in Plonsk, Polen, daß der Zeitpunkt des Koitus, der zur Befruchtung führt, von wesentlichem Einfluß auf das Geschlecht des Kindes ist.

Dr. Benendo führte eine Untersuchung an 322 Ehepaaren durch, bei denen der Zeitpunkt des zur Befruchtung führenden Geschlechtsverkehrs sowie der des Eisprungs genau festgehalten werden konnten. Die 1. untersuchte Gruppe bestand aus 156 Ehepaaren, »deren einziger sexueller Kontakt für gewöhnlich 2–5 Tage vor dem Eisprung stattfand«. In der 2. Gruppe waren 18 Ehepaare, die 2 Tage vor dem Eisprung der Frau Geschlechtsverkehr hatten. Die 3. Gruppe schließlich setzte sich aus 148 Paaren zusammen, bei denen es zwischen 1 und 2 Tagen nach der Ovulation zum Koitus kam.

Bei der 1. Gruppe kamen 157 Kinder – unter ihnen ein Zwillingspaar – zur Welt, von denen 133 (84,7 Prozent) Mädchen und 24 Jungen waren. Bei der 2. Gruppe wurden jeweils 9 Kinder beiderlei Geschlechts geboren. Von den in Gruppe 3 zur Welt gekommenen 151 Kindern – darunter 3 Zwillingspaare – waren 131 Söhne (86,8 Prozent).

Zum Schluß des Artikels heißt es:

Zur Erklärung seiner Feststellungen prägt Dr. Benendo den Begriff des biologischen Potentials. »Man kann davon ausgehen«, schreibt er, »daß das Potential der Y-Spermatozoen in den ersten 2 Tagen nach der Samenausschüttung größer als das der X-Spermatozoen ist. Die X-Spermatozoen beginnen im Durchschnitt nach 2 Tagen die Oberhand zu gewinnen, so daß ihr Potential das der Y-Spermatozoen übersteigt.« Seinen Statistiken zufolge liege der Größenunterschied dieses Potentials in etwa bei 6:1. Wenn schließlich »der Koitus am 2. Tag vor der Ovulation stattfindet, kommt es aufgrund der Potentiale von Samen- und Eizellen zum Zeitpunkt der Befruchtung zu 50 Prozent zu männlichem und zu 50 Prozent zu weiblichem Nachwuchs«.

Seit jener Veröffentlichung steht Dr. Shettles mit Dr. Benendo in Verbindung. Spätere Untersuchungsergebnisse des polnischen Forschers decken sich weitgehend mit den ersten, hier zitierten Werten. Es sei darauf hingewiesen, daß Dr. Benendo sich im Rahmen der Shettles-Methode zwar an den grundlegenden Aspekt der Zeitwahl gehalten, einige andere Empfehlungen jedoch nicht berücksichtigt hat.

Der französische Arzt Dr. B. Seguy aus Nizza berichtete 1975 im *Journal de Gynécologie Obstétrique et Biologie de la Reproduction*, daß er bei der Zeugung von Jungen mit der Shettles-Methode eine Erfolgsquote von nahezu 80 Prozent erreicht habe. Besonders interessant an Dr. Seguys Arbeit ist, daß jedes der 100 Paare aufgrund extrem unregelmäßiger Zyklen der Frauen Fruchtbarkeitsprobleme gehabt hatte. Bei der 1. Untersuchung stellte sich bei manchen Frauen heraus, daß sie überhaupt keinen Eisprung hatten. Diese Frauen erhielten Gonadotropin-Hormone, die den Eisprung stimulierten und die Monatszyklen regelmäßiger werden ließen.

Unter erheblichem Aufwand wurde bei jeder Frau der Zeitpunkt ihres Eisprungs genau bestimmt. Erst dann wurde den Paaren unbeschränkter Geschlechtsverkehr gestattet, und zwar zum Zeitpunkt des Eisprungs. 77 der bis dahin unfruchtbaren Paare brachten Jungen zur Welt. Es scheint sehr wahrscheinlich, daß bei Paaren von normaler Fruchtbarkeit die Zahl der geborenen Jungen über 90 Prozent betragen hätte.

Mit Ausnahme der alkalihaltigen Spülungen hielt sich Dr. Seguy genau an Dr. Shettles' Empfehlungen. Da der Zeitpunkt des Eisprungs aufs sorgfältigste im Labor festgestellt wurde, hielt er die Sekretionen für ausreichend basisch. Er räumte dennoch ein, daß bei Anwendung der Spülungen die Erfolgsquote möglicherweise noch höher gewesen wäre.

Ende des Jahres 1977 berichtete Dr. Cedric S. Vear im *Medical Journal of Australia*, daß er die Shettles-Methode bei 10 Frauen angewandt habe, die sich Kinder eines bestimmten Geschlechts wünschten. Das Ergebnis? Nur Erfolge! Dr. Vear stellte eine statistische Analyse an, aus der er folgerte, daß die Wahrscheinlichkeit, es mit einem Zufall zu tun zu haben, so gut wie ausgeschlossen sei.

1978 erschien im *Journal of Biosocial Science* ein Artikel von Nancy E. Williamson, T. H. Lean und D. Vengadasalam über ein Geschlechtswahlexperiment in Singapur. Frauen wurden zur Anwendung der Shettles-Methode in eine Fachklinik für Geschlechtswahl eingeladen. Das Experiment wurde als erfolglos erklärt, vor allem, weil die Frauen nicht genügend motiviert waren. Das ist nicht überraschend, da sich diese Frauen nicht von sich aus für die Geschlechtswahl entschieden hatten, sondern nur zu Versuchszwecken herangezogen wurden. Die meisten der Frauen setzten sich nicht wirklich für die Sache ein. Obwohl die Wissenschaftler das Experiment als gescheitert betrachteten, räumten sie ein, daß insgesamt nur 6 Frauen die Shettles-Methode korrekt angewandt hatten. 4 dieser Frauen (also 66 Prozent) erreichten das gewünschte Geschlecht. Wir sind der Ansicht, daß die Ergebnisse bei einer Auswahl wirklich motivierter Frauen sehr viel besser gewesen wäre. Aber auch eine Erfolgsquote von 66 Prozent kann nicht einfach abgetan werden. Manche werteten diesen Versuch als Beweis für die Ungültigkeit der Shettles-Methode, was völlig ungerechtfertigt ist. Der Versuchsplan war zwar offensichtlich fehlerhaft, aber insoweit es überhaupt zu gültigen Werten gekommen ist, sprechen sie *für* die Shettles-Methode.

Das Magazin *Parents* berichtete im Oktober 1981 in einem Artikel (»Können wir über das Geschlecht unseres Kindes selbst entscheiden?«) über Dr. Michael O'Leary, Arzt für Geburtshilfe und Gynäkologie, der in Zusammenarbeit mit dem New York University Medical Center eine Methode zur Geschlechtswahl verwendete, die sich auf Dr. Shettles' Erkenntnisse gründete. Von den ungefähr 100 Paaren, die sich mit der Bitte um Hilfe bei der Geschlechtswahl an Dr. O'Leary wandten, bekamen 75 Prozent ein Kind des gewünschten Geschlechts. »Ich gehörte selbst zu den Erfolgreichen«, schrieb die Autorin Lori Martin, »und brachte etwa 20 Monate nach meinem ersten Besuch bei Dr. O'Leary einen Jungen zur Welt.«

In dem Artikel heißt es weiter: »Dr. O'Leary führt allerdings in seiner Praxis momentan keine Beratung zur Geschlechtswahl durch. ›Als ich mit der Geschlechtswahl aufhörte, hatte ich noch 800 Frauen auf der Warteliste. Hätte ich nicht damit aufgehört, dann hätte ich meine übrige Praxis aufgeben müssen. Wer sich danach erkundigt, wird an Dr. Shettles weiterempfohlen‹.«

Die überzeugendste Bestätigung der Shettles-Methode kam vor kurzem aus Japan. Mehr als 100 japanische Kinderärzte flogen vor wenigen Jahren gesammelt in die Vereinigten Staaten, um sich von Dr. Shettles seine Verfahren erklären zu lassen. In der Folge erhielt er Einladungen nach Japan, um Vorträge vor Ärzteversammlungen zu halten, denen er zweimal nachkam. Er sprach außerdem vor Studenten des Medizinischen Instituts der Gunma-Universität.

Der prominente Tokioter Frauenarzt Dr. Shiro Sugiyama, Leiter der Sugiyama-Klinik, berichtete im Jahre 1983 Dr. Shettles davon, daß die Japanische Forschungsgruppe für Geschlechtswahl mit Hilfe der Shettles-Methode eine Erfolgsrate von 90 Prozent erreicht habe. Der Forschungsgruppe gehören 450 Fachärzte für Geburtshilfe und Frauenheilkunde an, die in den vergangenen 5 Jahren etwa 6000 Ehepaare beraten haben, die das Geschlecht ihrer Kinder selbst bestimmen wollten.

Dr. Sugiyama informierte Dr. Shettles darüber, daß viele japanische Ärzte der Geschlechtswahl noch großen Widerstand entgegenbrächten. Wenn sie die Methode jedoch bei ihren eigenen Patienten anwendeten, so fügte er hinzu, seien sie sehr bald von ihr begeistert. Dr. Sugiyama zufolge findet die Shettles-Methode in Japan immer mehr Zustimmung, zumal dort in zunehmendem Maße Konferenzen und Symposien zu diesem Thema abgehalten werden.

Es muß hinzugefügt werden, daß die japanische Geschlechtswahl zwar auf Dr. Shettles' Arbeit basiert, aber in ihrem Verfahren in manchen Punkten abgewandelt wurde. Außerdem werden die jeweiligen Paare medizinisch sorgfältig überwacht, um sicherzustellen, daß die Anweisungen genau befolgt werden.

Diese unmittelbare ärztliche Betreuung ist zweifellos die Erklärung für die höhere Erfolgsrate in Japan. Wie Dr. Sugiyama versichert, werden die Ergebnisse der japanischen Studie, die noch andauert, nach ihrem Abschluß veröffentlicht werden.

Im folgenden Kapitel werden einige andere Methoden aus den letzten Jahren untersucht. Manche dieser Methoden, die auf den ersten Blick im Widerspruch zur Shettles-Methode zu stehen scheinen, stellen im Gegenteil in verschiedener Hinsicht eine Bestätigung für Dr. Shettles' Arbeit dar.

Gibt es auch andere Methoden? Stehen sie im Widerspruch zur Shettles-Methode?

Es gibt tatsächlich auch andere Methoden der Geschlechtswahl, die zur Zeit angewendet werden und die einerseits wirklich im Widerspruch zur Shettles-Methode stehen, andererseits aber auch wieder nicht. Hierzu gehören Verfahren der Spermientrennung im Labor, auf zeitlicher Berechnung beruhende Methoden und sogar Diät.

Im folgenden zeigen wir, inwiefern diese anderen Methoden und die Shettles-Methode sich gleichen und unterscheiden. Wo Widersprüche bestehen, glauben wir nachweisen zu können, daß unzuverlässige Daten vorliegen.

Die Whelan-Methode

Beginnen wir mit einer Methode, die zum Teil in unmittelbarem Widerspruch zur Shettles-Methode steht, zum Teil aber auch mit ihr übereinstimmt. Vor einigen Jahren veröffentlichte eine Frau namens Elizabeth Whelan ein Buch mit dem Titel *Mädchen oder Junge?*, das im Untertitel unbekümmert behauptete: »Die Geschlechtswahlmethode, gegen die alle anderen überholt sind.« Die Whelan-Methode, die für sich eine Erfolgsrate von 68 Prozent für die Zeugung von Jungen sowie 57 Prozent für Mädchen in Anspruch nimmt, ist allerdings zum Glück selbst überholt – zu *ihrem* Glück, da sie auf Annahmen gegründet ist, die entweder absurd oder in sich widersprüchlich sind.

Elizabeth Whelan entwickelte ihre Methode auf der Grundlage der Arbeit von Dr. Rodrigo Guerrero von der Universidad del Valle in Cali (Kolumbien). Dr. Guerrero hat jedoch nicht mit Elizabeth Whelan an diesem Buch zusammengearbeitet, weshalb wir ihn nicht für die Whelan-Methode an sich verantwortlich halten, auch wenn wir der Ansicht sind, daß seine Untersuchungen stellenweise fehlerhaft waren. Wie Dr. Shettles stellte Dr. Guerrero fest, daß durch künstliche Befruchtung empfangene Kinder, bei der darauf geachtet wird, daß die Spermien kurz vor oder zum Zeitpunkt der Ovulation in den weiblichen Fortpflanzungstrakt gelangen, zu einer bedeutenden Mehrheit Jungen sind. Hiergegen haben wir nichts einzuwenden, und das nicht nur, weil es Dr. Shettles eigene Beobachtungen bestätigt. Dr. Guerreros Angaben zur künstlichen Befruchtung scheinen fundiert zu sein, da sie sich auf Statistiken von Fachärzten stützen, die in angesehenen Kliniken für Unfruchtbarkeit in den Vereinigten Staaten arbeiten. In diesen Kliniken werden alle Vorgänge peinlich genau aufgezeichnet, so daß wir davon überzeugt sind, daß der Zeitpunkt der Ovulation bei den meisten der künstlich befruchteten Frauen korrekt bestimmt wurde.

So weit, so gut. Unglücklicherweise behauptet Dr. Guerrero aufgrund von Beweismaterial, das wir für völlig unglaubwürdig halten, daß bei *natürlicher* Empfängnis, die also durch Geschlechtsverkehr erfolgt, weniger Jungen als Mädchen gezeugt werden, wenn die Befruchtung nahe oder zu dem Zeitpunkt des Eisprungs liegt. Er gab keine überzeugende Erklärung, warum zwischen künstlicher und natürlicher Befruchtung ein derartiger Unterschied bestehen sollte – ein Unterschied, der dem gesunden Menschenverstand so kraß widerspricht. Dennoch sollte dieser Bericht ernstgenommen werden – ernst genug jedenfalls, um das ihm zugrunde liegende Material einmal genauer zu betrachten.

Hier kommen wir zu den Unstimmigkeiten. Unserer Auffassung zufolge hat Elizabeth Whelan dieses Beweismaterial nicht kritisch genug geprüft, sondern ihre Methode einfach auf dieser Grundlage weiterentwickelt und ihren Lesern geraten, es mit der Zeugung eines Sohnes 6, 5 oder 4 Tage vor dem Eisprung zu versuchen. Mit diesen Empfehlungen ließ Elizabeth Whelan im Grunde den Teil von Dr. Guerreros Untersuchungsmaterial außer acht, der noch am zuverlässigsten war – nämlich jene Statistiken über künstliche Befruchtung, die darauf hindeuteten, daß bei Geschlechtsverkehr kurz vor oder während der Ovulation Jungen gezeugt werden. Statt dessen stützte sie sich lieber auf Dr. Guerreros Material über natürliche Befruchtung, das aber retrospektiver, also rückschauender Art war. Bei dieser Form des Nachweises ist man gezwungen, »zurückzublicken« und möglichst herauszufinden, was zu einem bestimmten Zeitpunkt in der Vergangenheit geschehen ist. Das bedeutet, daß in dem *eigentlichen* Augenblick der Ereignisse kein wissenschaftlicher Beobachter zur Stelle war, der zuverlässige Angaben darüber machen könnte, ob diese Ereignisse tatsächlich und zu dem genannten Zeitpunkt stattgefunden haben.

Dr. Guerreros retrospektives Material zur natürlichen Befruchtung ist, vorsichtig formuliert, sehr unsicher, da er sich nach bereits vollzogener Befruchtung auf Tabellen stützen mußte, die von den Frauen selbst geführt worden waren, hauptsächlich zur Empfängnisverhütung durch natürliche Methoden. Er versuchte, anhand dieser Tabellen den Zeitraum zwischen dem letzten Geschlechtsverkehr vor der Empfängnis und dem vermuteten Zeitpunkt der Befruchtung zu ermitteln. Ein solches Vorgehen kann zu keinerlei verläßlichen Ergebnissen führen, selbst wenn es sich um Tabellen von Frauen mit relativ regelmäßigen Zyklen handelte. Aufgrund einzelner Tabellen kann nicht mit Sicherheit festgestellt werden, ob der berechnete Zeitpunkt der Ovulation auch wirklich zutraf. In diesem Fall war die Ausgangslage sogar noch schlechter, da ja die Frauen, an deren Tabellen Dr. Guerrero einige Monate später seine Berechnungen anstellte, mit ihrer natürlichen Empfängnisverhütung *gescheitert* waren. Der häufigste Grund für solch mißlungene Verhütung auf natürlichem Wege (die recht oft mißlingt) ist, daß Frauen nicht in der Lage sind, ihren monatlichen Zyklus genau zu überwachen, was sich dann in *fehlerhaften Tabellen* niederschlägt.

Wir sehen keinen Anlaß, Dr. Guerreros Material zur künstlichen Befruchtung in irgendeiner Form Gültigkeit zuzubilligen. Die Schwächen in Dr. Guerreros Versuchsplan sind auch von anderer Seite kritisiert worden. So hält Dr. Robert Glass vom Institut für Geburtshilfe und Frauenheilkunde der University of California School of Medicine die Methode, mit der Guerrero die Ovulation bestimmt hat, für nicht konsequent genug. Er folgert daraus, daß die Temperaturänderungen, die den Eisprung anzeigen, schwierig zu bestimmen sind.

Darüber hinaus stützte Dr. Guerrero seine Erkenntnisse teilweise auf Frauen, deren Befruchtung er auf Geschlechtsverkehr zurückführte, der »sechs oder mehr Tage vor dem Eisprung« stattgefunden hatte. Wir bezweifeln, daß es so viele Tage vor dem Eisprung zu einer Befruchtung gekommen sein kann (Spermien haben unmöglich eine solche Lebensdauer), aber selbst wenn es in einigen wenigen Fällen zutreffen sollte, so wäre diese Zahl zwangsläufig viel zu gering für eine glaubwürdige statistische Auswertung. Sogar die Zeitschrift, die Dr. Guerreros Erkenntnisse veröffentlichte (*New England Journal of Medicine*, 14. November 1974), fügte in einem begleitenden Leitartikel hinzu, daß, auch wenn sich Dr. Guerreros Ergebnisse als zutreffend herausstellten, sie doch kaum jemandem Nutzen brächten. Nach Schätzung der Herausgeber würde es nämlich *mindestens* 5 Jahre dauern, ehe ein Kind – gleich welchen Geschlechts – gezeugt würde, wenn der Geschlechtsverkehr so weit vor dem Eisprung eingestellt würde. Unserer Ansicht nach zeigte sich der Verfasser des Leitartikels zu optimistisch – nur in sehr vereinzelten Fällen wird eine Samenzelle länger als 4 Tage überleben und noch in der Lage sein, eine Eizelle zu befruchten. Falls dieser Fall tatsächlich einträte, wird es mit größter Wahrscheinlichkeit zur Zeugung eines Mädchens kommen, da die größeren, »weiblichen« Spermien ausdauernder sind und eher so lange überleben könnten.

Dr. Shettles ist der Überzeugung, daß Paare, die mit der Whelan-Methode einen Jungen zeugen möchten, in der Regel *überhaupt* kein Kind bekommen. Elizabeth Whelan gibt bei einem ihrer besonders verblüffenden Widersprüche zu, daß Spermien eine *maximale* Lebensdauer von 96 Stunden haben. Mit anderen Worten: 4 Tage. Wie soll eine Frau durch Geschlechtsverkehr 5 oder 6 Tage vor dem Eisprung schwanger werden?

Dr. Shettles macht darauf aufmerksam, daß es Frau Whelan in ihren Empfehlungen für die Zeugung von Mädchen gelingt, gleichzeitig im Einklang *und* im Widerspruch zu seiner Methode zu stehen. Wer 2 oder 3 Tage vor dem Eisprung versucht, ein Mädchen zu zeugen, hat besonders gute Chancen auf Erfolg. In diesem Punkt stimmt Dr. Shettles mit Elizabeth Whelan überein. Wer jedoch am Tag des Eisprungs oder 1 Tag zuvor Geschlechtsverkehr hat, wird mit großer Wahrscheinlichkeit einen Jungen bekommen. Hierin unterscheidet sich die Shettles- von der Whelan-Methode.

Elizabeth Whelan hat Dr. Shettles unterstellt, seine Methode ausschließlich auf Material über künstliche Befruchtung gestützt zu haben. Jeder, der bis hierhin gelesen hat, weiß, daß das nicht zutrifft. Es ist jedoch sehr wohl zutreffend, daß die Untersuchungsergebnisse aus der künstlichen Befruchtung von großer Bedeutung sind. Zudem sind sie ohne Frage weitaus zuverlässiger als Dr. Guerreros Werte über natürliche Befruchtung. Frau Whelan hat mühselig versucht, aussagekräftige Unterschiede zwischen natürlicher und künstlicher Befruchtung zu finden, mit denen sie Guerreros unterschiedliche Ergebnisse erklären konnte. Sie begründet sie damit, daß Spermien, die durch natürliche Befruchtung den weiblichen Fortpflanzungstrakt erreichen, andere »Ausgangspunkte« als jene Spermien haben, die auf künstlichem Wege dorthin gelangen. Samenzellen aus natürlicher Befruchtung »müssen sich erst die Vagina hocharbeiten«, während künstlich eingeführte Spermien »nahe dem Gebärmutterhals plaziert« werden.

Dieser Unterschied besteht tatsächlich, erklärt aber in keiner Weise die Abweichungen zwischen dem Untersuchungsmaterial über künstliche Befruchtung und Dr. Guerreros Ergebnissen. Die wahrscheinlichste Erklärung für diese Abweichungen ist wohl der äußerst fehlerhafte Versuchsplan, wie wir ihn oben geschildert haben. Die unterschiedlichen »Ausgangspunkte« der Spermien sind ein Faktor, den Dr. Shettles schon seit langem mitberücksichtigt hat. So hat Dr. Shettles bei seiner Jungen-Methode schon immer empfohlen, daß der Mann im Augenblick des Samenergusses tief eindringt, um so zu erreichen, daß die Spermien der Zervix gleich möglichst nahe kommen. Wird ein Mädchen gewünscht, so rät Dr. Shettles, den Penis nicht zu tief eindringen zu lassen, damit die Samenzellen durch das saure Milieu der Vagina dringen müssen, dem »weibliche« Samen eher gewachsen sind.

Wir halten es für sehr bedauerlich, daß Elizabeth Whelan Empfehlungen veröffentlicht, die auf so unzureichenden »Beweismitteln« beruhen. Andererseits sind wir für die zahlreichen Zuschriften dankbar, in denen uns von der Unzulänglichkeit und Widersprüchlichkeit der Whelan-Methode berichtet wird. Eine Frau übte in besonders eindrucksvoller Weise Kritik an Elizabeth Whelans Buch. Sie schrieb Frau Whelan einen Brief und ließ Dr. Shettles eine Kopie zukommen. Mit ihrer Erlaubnis fügen wir an dieser Stelle einen Auszug des Briefes ein:

Sehr geehrte Frau Whelan,
vor einem halben Jahr kaufte ich mir Dr. Landrum Shettles' Buch »Das Geschlecht Ihres Kindes – Nun können

Sie wählen«. In der vergangenen Woche gab mir dann ein Freund ein Exemplar Ihres Buches, das ich inzwischen gelesen habe. Es enthält viele Dinge, mit denen ich nicht einverstanden bin . . . Auf Seite 87 (in der Taschenbuchausgabe des Whelan-Buches) heißt es: »Spermien können ihre Fähigkeit zur Befruchtung einer Eizelle 96 Stunden erhalten – in sehr seltenen Fällen möglicherweise auch länger.« Auf Seite 117 schreiben Sie: »Wenn Sie einen Jungen möchten, dann üben Sie 6, 5 oder 4 Tage vor dem erwarteten Temperaturanstieg Geschlechtsverkehr.« Auf der Tabelle unten auf Seite 109 geben Sie sogar 9 Tage vor dem Temperaturanstieg an. Wenn Samenzellen aber allerhöchstens nur 4 Tage leben, wie kann eine normale Frau dann 9 Tage vor Temperaturanstieg schwanger werden? Auf Seite 113 sagen Sie: »Es gibt zwar keine einhellige Meinung in diesem Punkt, doch wird allgemein angenommen, daß der Eisprung 2 Tage vor dem angenommenen Temperaturanstieg stattfindet.« Unser Hausarzt, mein Gynäkologe, die Anweisungen für meine Temperaturtabelle und auch die für mein Basalthermometer sowie meine gesamte medizinische Literatur zu diesem Thema sprechen gegen diese Behauptung. Sie stimmen nicht mit dem genauen Zeitpunkt überein, wohl aber damit, daß der Eisprung entweder im Tal des Temperaturabfalls oder irgendwo zwischen dem niedrigsten Punkt des Temperaturabfalls und dem Höhepunkt des Anstiegs liegt . . .

Meine beiden Söhne wurden am 14. Tag meines Zyklus gezeugt . . . Eine Freundin von mir empfing ihre 2 Söhne ebenfalls am 14. Tag ihres 28-Tage-Zyklus. Sie befolgte Dr. Shettles' Anweisungen zur Zeugung von Mädchen und bekam tatsächlich eine Tochter. Das sind insgesamt 5 Schwangerschaften. Alle 4 Jungen wurden in der Mitte des Zyklus, kurz vor oder gleichzeitig mit dem Eisprung, gezeugt – zu einem Zeitpunkt also, den Sie für die Zeugung von Mädchen empfehlen. Zu dem Mädchen kam es nach der Shettles-Methode zu einer Zeit, die Sie wiederum für die Zeugung von Jungen empfehlen. Das ergibt Er-

folgsquoten von 100 Prozent für Dr. Shettles und 0 Prozent für Sie.

. . .

Auf Seite 38 seines Buches schreibt Dr. Shettles: »Geschlechtsverkehr 2 oder 3 Tage vor dem Eisprung . . . wird sehr wahrscheinlich zu weiblichem Nachwuchs führen.« Auf Seite 129 Ihres Buches heißt es: ». . . Sie sollten sich darüber im klaren sein, daß Sie, wenn Sie in der Hoffnung auf ein Mädchen den Ratschlägen von Shettles und Rorvik folgen, ihre Erfolgschancen drastisch verringern, da Sie dann den Geschlechtsverkehr auf 3 oder mehr Tage vor dem Eisprung legen, die wir für ›Jungen-Tage‹ halten . . .« Auf Seite 117 behaupten Sie dagegen: »Wünschen Sie ein Mädchen, tun Sie das Gegenteil: Stellen Sie den Geschlechtsverkehr 2 oder 3 Tage vor dem erwarteten Temperaturanstieg ein.« Hier scheinen Sie plötzlich Dr. Shettles' Meinung zu unterstützen. Noch einen Widerspruch?

. . . Der eigentliche Streitpunkt zwischen Ihnen und Dr. Shettles bezüglich der richtigen Zeit für die Zeugung eines Mädchens scheint der Zeitpunkt des Eisprungs zu sein, da Sie ja beide behaupten, daß die größten Chancen für ein Mädchen zwischen 2 oder 3 Tagen vor dem Temperaturanstieg bestünden. Ihrer Ansicht nach findet der Geschlechtsverkehr dann genau zum Zeitpunkt des Eisprungs statt, während er nach Dr. Shettles vor dem Eisprung liegt. Dennoch zeigt Ihre Tabelle auf Seite 109 unten, daß eine größere Prozentzahl von Mädchen gleichzeitig mit dem Temperaturanstieg erreicht wird, was im Widerspruch zu Ihrer Behauptung auf Seite 117 steht: daß nämlich Mädchen 2 – 3 Tage vor Temperaturanstieg gezeugt werden! Noch mehr Widersprüche?

Wenn Ihnen das alles sehr verwirrend und widersprüchlich erscheint, so können Sie vielleicht nachvollziehen, wie mir nach der Lektüre Ihres Buches zumute war, denn genau so ist es: verwirrend und widersprüchlich!

Die Verfasserin dieses Briefes ist Kathy Brown aus Ada, Ohio.

In einem Punkt vertritt Elizabeth Whelan zufällig die Shettles-Methode. Bezüglich der alkali- und säurehaltigen Spülungen, die an späterer Stelle noch eingehender erläutert werden, kommt sie zu dem Schluß: »Es gibt so viele Indizienbeweise, daß Sie es einfach einmal versuchen sollten.« Sie empfiehlt die gleichen basischen (Speisesoda) und sauren Spülungen (Essig) wie Dr. Shettles und fügt hinzu, daß beide unschädlich seien. Wie auch Dr. Shettles rät sie zu basischen Spülungen für den Versuch, Jungen zu zeugen, und zu sauren Spülungen für den »Mädchen-Versuch«. Sie gab sogar die gleiche Empfehlung, die Dr. Shettles lange vor ihr vertrat, daß nämlich, wenn es ein Junge werden soll, die Frau *vor* ihrem Mann zum Orgasmus kommen sollte, um so den Alkaligehalt ihrer Sekretion zu erhöhen und den Spermien einen rascheren Zugang zum Muttermund zu ermöglichen. Soll es ein Mädchen werden, rät sie der Frau, wie vor Jahren schon Dr. Shettles, einen Orgasmus zu vermeiden.

Es muß jedoch betont werden, daß solche Spülungen im Vergleich zum zeitlichen Faktor von untergeordneter Bedeutung sind. Sollten Sie sich für die Whelan-Methode entscheiden, so werden auch noch so viele Spülungen Sie nicht für die falsche Zeitberechnung entschädigen, die Ihnen größtenteils empfohlen werden.

Andere Methoden, die auf Zeitpunkt und Häufigkeit des Geschlechtsverkehrs beruhen

Nach Veröffentlichung von Dr. Guerreros Untersuchungen trat ein Nichtmediziner, der britische Forscher William James, mit einer recht merkwürdigen Geschlechtswahlmethode an die Öffentlichkeit. James vertraute auf die Richtigkeit von Guerreros These, daß bei Geschlechtsverkehr weit vor dem Eisprung Jungen gezeugt werden, während es bei Geschlechtsverkehr in zeitlicher Nähe zum Eisprung zu Mädchen kommt. Aufgrund dieser irrigen Annahme entwickelte James seine Theorie, daß eine Frau sehr wahrscheinlich einen Jungen bekommt, wenn sie jeden oder fast jeden Tag sexuellen Verkehr hat. Er versuchte, dies mit Statistiken zu belegen, denen zufolge das 1. Kind bei Frauen unter 25 angeblich überwiegend ein Junge ist, während Frauen über 35 mehr Mädchen zur Welt bringen. Um hieraus einen Zusammenhang herzustellen, zitierte er »bislang unveröffentlichte Untersuchungsergebnisse«, die seiner Ansicht nach »auf sehr überzeugende Weise nahelegen, daß die Häufigkeit des Koitus im 1. Ehemonat höher als in irgendeinem späteren Monat ist«.

Ehe Sie Ihr Vorgehen bei der Geschlechtswahl auf dieses statistische Kartenhaus aufbauen, bedenken Sie, daß es anderen Wissenschaftlern leider nicht gelungen ist, derartige Gesetzmäßigkeiten festzustellen. Auch wir sind davon überzeugt, daß Jungverheiratete sich, zumindest im Normalfall, öfter lieben als die Mehrheit der schon länger verheirateten Paare, können daraus jedoch keinen Beweis dafür ablesen, daß deshalb mehr Jungen gezeugt werden. Sollte es tatsächlich zutreffen, daß jüngere Ehepaare mehr männliche Nachkommen bekommen, so ist das wahrscheinlich auf andere Faktoren als die Häufigkeit des Geschlechtsverkehrs zurückzuführen. Jüngere Ehemänner haben in der Regel eine höhere Samenmenge als ältere. Wie bereits erläutert, kommt es bei höherer Samenmenge häufiger zu Söhnen. Ebenso neigen jüngere Frauen zu einer reicheren und stärker basischen Produktion von Zervixsekretionen als ältere Frauen. Auch basische Absonderungen begünstigen die »männlichen« Spermien.

Wenn wir von etwas überzeugt sind, dann davon, daß *täglicher* Geschlechtsverkehr zu mehr Mädchen und nicht zu mehr Jungen führt. Der Grund dafür ist, daß bei Eintreten des Eisprungs wahrscheinlich eine bestimmte Anzahl von Spermien, die 2 oder 3 Tage zuvor ejakuliert wurden, der Eizelle bereits ganz oben in den Eileitern »auflauern«. Die Samenzellen, die widerstandsfähig genug waren, so lange zu leben, sind mit größter Wahrscheinlichkeit vom »weiblichen« Typus.

Vor einigen Jahren berichtete der österreichische Wissenschaftler Dr. August J. von Boronsini über Männer, die weit häufiger Geschlechtsverkehr ausübten als der Durchschnitt (er untersuchte einige Männer, die noch ihren eigenen Harem haben) und mehr Töchter als Söhne zeugten. Diese Beobachtung erscheint uns plausibel. Die Spermienmenge solcher Männer ist vermutlich durch deren eheliche Pflichten stark in Anspruch genommen.

William James' vielleicht verblüffendste Behauptung ist, daß orthodoxe Juden in Israel mehr Mädchen bekommen als Nichtjuden. Er führte dies auf das von orthodoxen Juden praktizierte *Niddah*, das, wie bereits erwähnt, bis 1 Woche nach der Menstruation Enthaltsamkeit verlangt. Wir vermuten, daß durch diesen Brauch bei den meisten Frauen der 1. erlaubte Geschlechtsverkehr kurz vor oder zu dem Zeitpunkt des Eisprungs erfolgt. Dr. Shettles vertritt die Ansicht, daß dies zu einer größeren Anzahl männlicher Nachkommen führt, was im Laufe der Jahre von vielen Quellen bekräftigt wurde.

Die Forscherin Susan Harlap (auch sie ist Nichtmedizinerin) führte ebenfalls eine Studie an orthodoxen Juden durch, die das Niddah befolgen. Sie kam zu dem Schluß, daß mehr Jungen als Mädchen gezeugt wurden, wenn der 1. Geschlechtsverkehr 2 Tage *nach* dem Eisprung erfolgte. Hier handelt es sich allerdings ebenfalls um eine Retrospektivstudie, bei der die Möglichkeit, Irrtümern zu erliegen, enorm hoch war.

In einem von Dr. Joe Leigh Simmons verfaßten Leitartikel, der den Harlap-Bericht kommentierte, heißt es:

> Der Zeitpunkt der Befruchtung und sein Verhältnis zum Eisprung wurde lediglich den Angaben entnommen, die nach der Geburt, also 9 Monate nach Empfängnis, gemacht wurden. Bedauerlicherweise haben viele Schwangere Mühe, sich auch nur ungefähr an das Datum ihrer letzten Periode zu erinnern, geschweige denn an andere Einzelheiten. (Die befragten Frauen hatten nicht einmal Tabellen geführt, die sie zumindest in etwa an bestimmte Details hätten erinnern können.) Daher wäre es möglich, die Verläßlichkeit der Methoden in Frage zu stellen, die angewandt wurden, um festzustellen, ob bestimmte Schwangerschaften durch Befruch-

tung an bestimmten Tagen herbeigeführt
wurden. Da zudem die meisten Untersuchungen darauf hindeuten, daß die fruchtbare Zeit nach dem Eisprung lediglich 12 bis
18 Stunden andauert, erscheint eine Befruchtung 2 Tage nach dem Eisprung relativ unwahrscheinlich.

Dr. Simmons fügte hinzu, daß die Aussage einiger Statistiken
nicht von der Hand zu weisen sei, stellte aber fest, daß »die
relativ kleine Gruppe innerhalb dieser Untergruppe natürlich
keine weitreichenden Schlüsse zuläßt«.

Susan Harlap selbst räumt ein, daß sie bei Frauen, die einen
unregelmäßigen Zyklus von »so zwischen 26 und 30 Tagen«
angaben, mit ihren Berechnungen von einem Mittelwert aus-
ging. Wie die zwangsläufig mangelnde Erinnerung vieler der
untersuchten Frauen hat auch dieses Vorgehen zweifellos
große Ungenauigkeiten zur Folge.

Es ist wahrscheinlich gar nicht möglich, sich ein völlig zutref-
fendes Bild davon zu machen, was bei orthodoxen Juden, die
sich an das Niddah halten, wirklich geschieht. Die Shettles-
Methode ist von den Untersuchungen über das Niddah weder
bestätigt noch entkräftet worden. Zu viele Unbekannte und
Variablen spielen hier mit, um eine gültige Aussage treffen zu
können. Dennoch haben wir den Eindruck, daß Juden, die
diesen Brauch befolgen, den 1. Geschlechtsverkehr eines Zyklus mit größter Wahrscheinlichkeit während des Eisprungs
oder kurz davor ausüben, was eine höhere Zahl männlicher
als weiblicher Nachkommen zur Folge hätte, was sich mit den
Berichten vieler Wissenschaftler deckt.

Dr. Jakob Levy aus Jerusalem veröffentlichte 1973 eine Arbeit
im hebräischen *Koroth*, in der er feststellte, daß unter Juden,
die das Niddah bekanntermaßen strikt beachten, die Söhne
tatsächlich bei weitem überwiegen. Dr. Levy berichtet, daß
auf 100 Mädchen 130 oder mehr Jungen kämen. Das durch-
schnittliche Geburtenverhältnis beträgt nach Dr. Levy bei
nichtorthodoxen Juden, wie in den meisten Teilen der Welt,
100 Mädchen zu 105 Jungen.

Dr. Levy wies ausdrücklich auf die »neue Shettles-Theorie« hin, die eine logische Erklärung für die überwiegend männlichen Nachkommen böte.

Bevor wir unsere Erörterung derjenigen Geschlechtswahlmethoden beenden, denen Zeitpunkt und Häufigkeit des Geschlechtsverkehrs zugrundegelegt wurden, möchten wir noch auf einen letzten Punkt eingehen. William James, den wir bereits erwähnt haben, hat Untersuchungsergebnisse über zweieiige Zwillinge erzielt, die uns stichhaltig erscheinen. Er berichtet, daß zweieiige Zwillinge (die bei der Befruchtung zweier ungefähr etwa gleichzeitig frei gewordener Eizellen durch 2 verschiedene Samenzellen entstehen) fast immer *gleichen Geschlechts* sind. Das beweist erneut, wie entscheidend es ist, daß der Geschlechtsverkehr zum richtigen Zeitpunkt stattfindet. Wäre das nicht der Fall, dann müßten die meisten zweieiigen Zwillinge eigentlich zweierlei Geschlechts sein, wie es dem ungefähren Fünfzig-zu-fünfzig-Verhältnis der Geschlechter entspräche. Da dies aber nicht der Fall ist, kann man davon ausgehen, daß es größtenteils von der jeweiligen Beschaffenheit der weiblichen Fortpflanzungsorgane – sowie bis zu einem gewissen Grad auch von der Beschaffenheit der männlichen Geschlechtsorgane – abhängt, welches Geschlecht gezeugt wird.

Methoden der Samentrennung und künstlichen Befruchtung

Die Methoden der Samentrennung, die entwickelt werden, gründen sich vor allem auf die unterschiedliche Schwimmschnelligkeit der 2 Spermientypen. Verschiedene Wissenschaftler konnten Dr. Shettles' Beobachtungen bestätigen, denen zufolge die kleineren, »männlichen« Spermien schneller schwimmen als die größere, »weibliche« Samenart. Die Spermien werden in Kolonnen mit steigenden Konzentrationen von Albumin und anderen Flüssigkeiten ausgesetzt, durch die sie sich dann bewegen. Die »männlichen« Samenzellen durchqueren die Substanzen zuerst und können so gesammelt und für künstliche Befruchtungsverfahren verwendet werden.

Leider sind diese Verfahren, wie sie Dr. Ericsson (der bereits erwähnt wurde), Dr. Paul W. Dmowski vom Michael Reese Hospital and Medical Center in Chicago und andere durchführen, nicht perfekt. In dem Spermienkonzentrat befinden sich immer noch einige »weibliche« Samenzellen, so daß die Chancen, einen Jungen zu zeugen, zwar erhöht sind, aber keineswegs garantiert werden können. Zudem sind die Spermien, die bei diesen Trennungsverfahren zurückbleiben, ein Gemisch aus »weiblichen« und »männlichen« Samen. Das bedeutet, daß die Methode nur dazu dienen kann, die Wahrscheinlichkeit männlichen Nachwuchses zu erhöhen. Weitere Nachteile dieser Verfahren sind die hohen Kosten und die Unannehmlichkeiten der Samentrennung und künstlichen Befruchtung. Künstliche Befruchtung ist nicht immer auf Anhieb erfolgreich – oft muß sie zwei- oder dreimal oder gar öfter wiederholt werden, bevor es zur Empfängnis kommt. Dadurch werden die Kosten natürlich noch erheblich gesteigert.

Manche der Ärzte, die Samentrennung betreiben, sprechen von einer 80prozentigen Erfolgsrate. Das ist in vieler Hinsicht irreführend. Betrachten wir, um es anschaulicher zu machen, eine Auswahl von 99 Frauen, die auf diese Weise Söhne bekommen möchten. Aufgrund wirklicher Fälle, wie sie in der Fachliteratur geschildert werden, kann man davon ausgehen, daß etwa ein Drittel dieser Frauen nach durchschnittlich 3 vergeblichen Versuchen, ein Kind irgendeines Geschlechts durch künstliche Befruchtung zu empfangen, ausscheidet. Von den übrigen 66 Patientinnen werden 70 Prozent früher oder später befruchtet werden können. Nehmen wir an, daß von diesen 46 Frauen wiederum 80 Prozent Jungen zur Welt bringen. Vergessen wir jedoch nicht, daß wir von 99 Frauen ausgegangen waren, von denen aber nur 37 ihr Ziel verwirklichen konnten. Das ergibt alles andere als eine Erfolgsrate von 80 Prozent, sondern läuft eher auf 37 Prozent hinaus!

Dr. Shettles hat selbst mit künstlicher Befruchtung als Mittel zur Geschlechtswahl experimentiert. Er weiß von einer kleinen Gruppe von Ehepaaren, die glauben, diese Methode für die Zeugung von Söhnen anwenden zu wollen. Sie glauben es so lange, bis sie es auch versuchen. Dann beklagen sich viele, daß die Methode »zu mechanisch« sei, »zu künstlich«, »zuwenig spontan«, »unästhetisch« usw. Unfruchtbare Eheparre mögen sich damit leichter abfinden, weil es für sie unter bestimmten Umständen die *einzige* Möglichkeit ist, ein Kind zu bekommen.

Bis zu einem gewissen Grad stoßen *alle* Formen der Geschlechtswahl auf Widerstand, da sie alle Unannehmlichkeiten und Künstlichkeit mit sich bringen. Verglichen mit Verfahren der künstlichen Befruchtung ist das Maß an Künstlichkeit bei der Shettles-Methode auf ein Minimum begrenzt. Die Demographin Anne Pebley vom Institut für Bevölkerungsforschung der Universtät Princeton, das umfassende Untersuchungen zu den soziologischen Aspekten der Geschlechtswahl durchgeführt hat, äußerte sich vor kurzem über Ehepaare, die Geschlechtswahlmethoden eher ablehnend gegenüberstehen: »Wenn ihnen künstliche Befruchtung empfohlen würde, wären sie damit wahrscheinlich noch weniger einverstanden.«

Abschließend kann man sagen, daß die meisten Paare mit der Shettles-Methode mindestens so gute Ergebnisse erzielen können, wie sie von der künstlichen Befruchtung behauptet werden – allerdings ohne diese *anwenden* zu müssen.

Die Diätmethode

In den letzten Jahren wurde die Behauptung aufgestellt, daß durch eine bestimmte Ernährungsweise das Geschlecht des Kindes im voraus bestimmt werden könne. Diese Behauptung war Gegenstand eines 1982 erschienenen Buches mit dem Titel *The Pre-Conception Gender Diet,* das von Sally Langendoen (von Beruf Krankenschwester) und William Proctor verfaßt wurde. Die Idee als solche ist allerdings nicht neu – die Vorstellung, mit einer Diät über das Geschlecht zu entscheiden, gibt es schon mehrere Jahrhunderte. Neu ist, daß diese Diättheorie zumindest etwas wissenschaftlich untermauert ist. Kurz, es mag etwas daran sein. Bevor Sie sich aber zu große Hoffnungen machen, lesen Sie erst weiter.

Die Arbeit stützt sich auf Untersuchungen von Dr. Joseph

Stolkowski aus Paris und Dr. Jacques Lorrain aus Montreal. Dr. Stolkowski war auf eine Entdeckung des Deutschen Dr. Curt Herbst aus den 30er Jahren gestoßen, derzufolge das Geschlecht von Meereswürmern durch gesteuerte Mineralienzufuhr beeinflußt werden konnte. Er beschloß herauszufinden, ob diese Entdeckung auch für höher entwickelte Tierarten gelten würde. Das Ergebnis war positiv. Er behauptete, daß stark salzhaltige Ernährung zu wesentlich mehr Stierkälbern als Färsen führte. Daraufhin begann Dr. Lorrain, mit Dr. Stolkowski zusammenzuarbeiten, um zu untersuchen, ob eine bestimmte Ernährung auch auf das menschliche Geschlechtsverhältnis Einfluß ausüben würde.

Die ersten Ergebnisse dieser gemeinschaftlichen Arbeit wurden 1980 im *International Journal of Gynaecology and Obstetrics* veröffentlicht. Die beiden Ärzte verordneten 281 Frauen, die sich Kinder unterschiedlichen Geschlechts wünschten, 2 verschiedene Diäten. Die »Mädchen-Diät« war reich an Kalzium und arm an Salz und Kalium. Die »Jungen-Diät« dagegen war reich an Salz und Kalium und arm an Kalzium und Magnesium. Die Ehemänner wurden gebeten, die gleiche Diät zu befolgen – hauptsächlich, um ihre Frauen psychologisch zu unterstützen und mitzuhelfen, daß sie nicht von der Diät abwichen. Die Ehepaare sollten die Diät 4 – 6 Wochen vor dem Zeugungsversuch einhalten. Wenn nach 6 Monaten noch keine Befruchtung stattgefunden hatte, sollten sie die Diät abbrechen.

21 Frauen kamen für die Untersuchung nicht mehr in Frage, weil sie entweder die Diät nicht durchhielten, sie nicht vertrugen oder weil sie vom Versuchsplan abwichen und schwanger wurden, bevor sich die Diät bemerkbar machen konnte. Die Ärzte berichteten, daß von den 260 Frauen, die die Diät durchhielten, ungefähr 80 Prozent Kinder des gewünschten Geschlechts zur Welt brachten.

Es gibt bisher keine überzeugende Hypothese, die erklärt, worauf die Wirkung dieser Methode beruht, falls sie tatsächlich eine haben sollte. Die Wissenschaft hat schon über eine Reihe möglicher Wirkungsweisen Spekulationen angestellt.

Möglicherweise beeinflußt die Diät die Sekretionen der weiblichen Geschlechtsorgane insoweit, daß sich je nach Diät entweder die X- oder Y-Spermien besser in den Sekretionen fortbewegen können. Vielleicht wirkt sich eine bestimmte Mineralienzufuhr aber auch auf die Membran der Eizelle aus, so daß sie für eine bestimmte Samenart besser zu durchdringen ist. Denkbar ist auch, daß sich die Diät auf das Immunsystem der Frau niederschlägt, das dann einen Spermientyp vor dem anderen bevorzugt, je nachdem, welche Diät angewandt wird. Oder aber die Diät beeinflußt auch die Samenzellen, denn schließlich befolgen auch die Ehemänner die verordnete Ernährungsweise.

Ehe Sie zu dem vorschnellen Schluß kommen, daß Sie auf dem Umweg über den Magen zu Ihrem Wunschkind kommen, sollten Sie berücksichtigen, daß es mit dieser Diät Probleme geben kann. Zunächst beruht diese Methode ausschließlich auf der Arbeit von Stolkowski und Lorrain, die bisher nur einen klinischen Versuch mit einer relativ geringen Anzahl von Frauen durchgeführt haben. Bestätigungen von unabhängiger Seite müssen noch abgewartet werden. Zum zweiten kann das Einhalten dieser Diäten sehr lästig und unangenehm werden, auch wenn sie wenige Monate dauert. Und drittens besteht die Möglichkeit eines gesundheitlichen Risikos.

Den Lesern des Buches *The Pre-Conception Gender Diet* werden die zahlreich darin enthaltenen Warnungen aufgefallen sein, in denen dringend empfohlen wird, vor Beginn einer solchen Diät erst den Arzt aufzusuchen und ihn auch während der Diät hinzuzuziehen. Bei genauer Betrachtung der Diäten werden die Gründe dafür deutlich. Insbesondere die »Jungen-Diät« kann für manche gefährlich werden, weil sie eine höhere Aufnahme von Salz verlangt als Ärzte für zuträglich halten. Die Autoren räumen außerdem ein, daß die täglich erlaubten Kalziummengen der »Jungen-Diät« weit unter dem liegen, was die meisten Ernährungswissenschaftler als tägliches Mindestmaß bezeichnen. Auch die verordnete Magnesiummenge befindet sich in ähnlicher Weise unter dem allgemein empfohlenen Niveau.

Die Autoren des Buches vertreten jedoch die Ansicht, daß »wahrscheinlich« keine gesundheitlichen Störungen zu erwarten sind, wenn die Diät nicht länger als 6 Monate eingehalten wird, Das Problematische bei dieser Haltung ist, daß schon einige Einzelfälle gesundheitlicher Beeinträchtigungen, die auf diese Diät zurückgeführt werden, genügen, um die gesamte Methode in Mißkredit zu bringen. Wir befürchten, daß Menschen, die ihre Gesundheit ohnehin schon durch zu hohen Salzkonsum gefährden, bei dieser Diät endgültig geschädigt werden.

Die Diät geht von einer viel zu hohen Salzmenge aus. Manche werden sich denken: »Wenn die angegebene Menge gut für einen Jungen sein soll, dann ist mehr noch besser«, und fügen zu ihrer ohnehin schon sehr salzhaltigen Diät noch mehr Salz hinzu. Andere wiederum, die nach 6 Monaten noch nicht schwanger sind, werden zwangsläufig versucht sein, die Diät beizubehalten und »es weiterzuversuchen«.

Die Verfasser des Buches weisen darauf hin, daß bestimmte Personen diese Diät nicht einmal 1 Monat lang einhalten sollten, weil sie bereits gesundheitliche Probleme haben. Aber werden alle davon betroffenen Personen sich an diese Warnungen halten oder überhaupt erkennen, daß sie zu diesen Risikogruppen gehören?

Eine der klaren Kontraindikationen der »Jungen-Diät« ist Hypertonie (erhöhter Blutdruck oder auch nur die Veranlagung dazu). Stolkowski und Lorrain berichten, daß 4 Frauen, die sich einen Jungen wünschten, nicht mehr an der Studie teilnehmen konnten, weil die hohe Salzaufnahme bei ihnen zu Ödemen (Wassersucht) führte – ein Zeichen für möglicherweise gesundheitsschädigende Kreislaufstörungen. Frauen, die es mit der »Mädchen-Diät« versuchen wollen, werden vor Nierenschäden, zu hohem Kalziumgehalt im Blut, übermäßiger Nervosität und anderem mehr gewarnt.

Langendoen und Proctor sprechen der Shettles-Methode zwar nicht ihre Wirksamkeit ab, vertreten aber die Ansicht, daß sie zu kompliziert sei und den Geschlechtsakt um seine Spontaneität brächte. Wir würden gern eine Wette abschließen, daß die überwältigende Mehrheit der Paare, die beide Methoden ausprobieren, zu dem Schluß kommen, daß die Shettles-Methode bei weitem leichter zu befolgen ist und darüber hinaus weder von Gesundheitsrisiken belastet wird noch tagtägliche Quälerei mit einer Diät bedeutet, die vielen Leuten früher oder später unerträglich erscheinen wird.

Andererseits möchten wir mit dieser neuen Untersuchung nicht zu hart ins Gericht gehen. Im Gegensatz zu der oben erörterten Whelan-Methode scheint diese Methode auf vernünftige, wissenschaftliche Methodologie gegründet zu sein. Wir hoffen, daß die Arbeit von Stolkowski und Lorrain im Laufe ihrer Weiterentwicklung nicht nur bestätigt werden, sondern auch Erkenntnisse zugunsten einer neuen Diät zutage bringen wird, die weniger strapaziös und risikoreich ist als die heute von Langendoen und Proctor empfohlene. Sollte das gelingen, so wäre es interessant zu sehen, zu welchen Ergebnissen eine Kombination aller oder mehrerer Elemente der Shettles-Methode mit denen einer verbesserten Diätmethode führten. Einige japanische Wissenschaftler arbeiten sogar bereits auf diesem Gebiet.

Fürs erste können wir die in *The Pre-Conception Gender Diet* vorgeschlagene Diät nicht weiterempfehlen. Statt dessen weisen wir erneut darauf hin, daß die Shettles-Methode die gleichen Ergebnisse erzielt wie sie die Diätmethode angeblich erreichen soll – allerdings ohne die Risiken und Unannehmlichkeiten einer Diät. Darüber hinaus ist die Wirksamkeit der Shettles-Methode, wie bereits dokumentiert, von unabhängigen Wissenschaftlern aus aller Welt bestätigt worden. Ganz im Gegensatz zur Diätmethode.

Wie Sie die Shettles-Methode erfolgreich anwenden

Ganz oben auf der Tagesordnung: Wie Sie den Zeitpunkt des Eisprungs bestimmen

Ob Sie sich nun einen Jungen oder ein Mädchen wünschen, das Wichtigste bei der Geschlechtswahl ist, herauszufinden, wann Ihr Eisprung stattfindet. Der richtige Zeitpunkt des Geschlechtsverkehrs hinsichtlich des Ovulationszeitpunkts ist das A und O der Methode. Ist Ihr Wunschkind ein Junge, so werden Sie den Zeugungsakt möglichst nahe dem Eisprung stattfinden lassen. Wünschen Sie sich ein Mädchen, dann werden Sie mit dem ersten Geschlechtsverkehr 3 volle Tage vor der Ovulation beginnen.

Fassen wir kurz zusammen, was in den vorangegangenen Kapiteln gesagt wurde: Geschlechtsverkehr zum Zeitpunkt des Eisprungs oder kurz davor begünstigt die kleineren, schnelleren Y-Spermien (verantwortlich für die Zeugung von Jungen), während Geschlechtsverkehr einige Tage vor der Ovulation den längeren, widerstandsfähigeren X-Spermien (verantwortlich für Mädchen) die besseren Chancen einräumt, die, obwohl sie langsamer sind, das vor dem Eisprung stark saure Milieu eher überleben. Es gibt auch noch andere Faktoren, die wir in den 2 folgenden Kapiteln erläutern werden – aber das zeitliche Abstimmen von Geschlechtsverkehr und Eisprung ist der Kern der Geschlechtswahl.

Im Laufe der Jahre sind die Verfahren zur zeitlichen Bestimmung des Eisprungs immer weiter verbessert worden. Dennoch gibt es immer noch keine *unfehlbare* Methode. Auch im Labor vorgenommene Bluttests können den Eisprung nicht mit absoluter Sicherheit anzeigen. Es wäre aber ohnehin viel zu umständlich und natürlich auch viel zu kostspielig, solche Labortests regelmäßig durchführen zu lassen. Außerdem ist es, bis die Ergebnisse der Analyse vorliegen, vermutlich längst zum Eisprung gekommen. Manche Frauen haben einen sehr regelmäßigen Eisprung, bei anderen jedoch wechselt der Ovulationszeitpunkt mit jedem Zyklus. Es genügt also nicht, den Tag des Eisprungs einmal zu bestimmen und dann anzunehmen, daß er in allen folgenden Zyklen am gleichen Tag stattfinden wird.

Anhand der Information, die in diesem Kapitel enthalten ist, und einiger Übung wird die Mehrheit der Frauen dennoch in der Lage sein, die Ovulationstage so genau einzugrenzen, daß sie das Geschlecht ihrer Kinder in mindestens 75 Prozent der Fälle beeinflussen kann. Die Anweisungen dieses Buches sind ausführlicher als in unseren früheren Publikationen, und aufgrund neuer Erkenntnisse empfehlen wir ein Verfahren der Ovulationsbestimmung, das wir bisher immer nur kurz angeschnitten hatten.

Der monatliche Zyklus

Bevor wir zu den eigentlichen Verfahren zur Bestimmung der Ovulationszeit kommen, sollten wir uns zunächst noch einmal die grundlegenden Vorgänge im Verlauf des monatlichen Zyklus vor Augen führen.

Der Beginn des Zyklus ist auf den 1. Blutungstag festgelegt worden. Die Blutungsdauer, die zwischen 3 und 7 Tage betragen und von Zyklus zu Zyklus variieren kann, ist bei jeder Frau anders. Im Durchschnitt dauern die Blutungen etwa 5 Tage, danach können aber noch leichte Schmierblutungen auftreten. Die Blutungen treten ein, wenn die Gebärmutterschleimhaut abgestoßen wird. Dieser Vorgang wiederholt sich bei normal fruchtbaren Frauen jeden Monat, vorausgesetzt, sie sind nicht im Laufe des vorangegangenen Zyklus schwanger geworden. (Die Periode kann auch aus anderen Gründen ausbleiben, in jedem Fall sollten Sie dann Ihren Arzt aufsuchen.)

Nach der Periode beginnt in den Eierstöcken ein »Follikel« genanntes Gebilde zu reifen, das die Freigabe des in ihm befindlichen Eis vorbereitet. Alle diese Vorgänge werden von Hormonen geregelt, die ihrerseits von Hypothalamus und Hirnanhangdrüse im Gehirn gesteuert werden. Bei der Reifung des Follikels setzt dieser selbst ein Hormon frei – Östrogen. Das Östrogen trägt zum Stoppen der Blutung bei und sorgt dafür, daß die Gebärmutterschleimhaut wieder heilt. Darüber hinaus bereitet es die Gebärmutter erneut auf eine eventuelle Schwangerschaft vor und läßt die Zusammensetzung der zervikalen Sekretionen, je näher der nächste Eisprung heranrückt, immer »spermienfreundlicher« werden. Da die 1. Hälfte des monatlichen Zyklus in erster Linie von den Follikeln und dem von ihm produzierten Östrogen bestimmt ist, wird sie auch *follikulare Phase* genannt.

Der eigentliche Eisprung – also das Freiwerden der Eizelle aus dem Follikel – wird von einem weiteren Hypophysehormon, dem luteotropen Hormon (LTH), gesteuert. Wieder andere Hormone haben für die Reifung des Eis gesorgt und es an die Oberfläche der Eierstöcke gebracht, wo es sich in »seinem« Follikel nach außen wölbt. LTH wird einige Stunden vor dem Eisprung ausgestoßen und gibt dem Ei den nötigen »Stoß«, damit es sich aus dem Follikel befreien und in die Eileiter fallen kann, wo es, wenn eine Schwangerschaft eintreten soll, von einer Samenzelle befruchtet werden muß. Nachdem LTH und das Höchstmaß an Östrogen ausgestoßen worden sind und der Eisprung stattgefunden hat, wird der jetzt leere Follikel zum Corpus luteum oder Gelbkörper, was sein Aussehen beschreibt. Dieser Gelbkörper ist ein Gebilde auf der Oberfläche des Eierstocks, das gleich nach der Ovulation mit der Ausscheidung eines neuen Hormons beginnt, dem Progesteron.

Die 2. Hälfte des Zyklus – also nach dem Eisprung – wird nach dem Corpus luteum und dem von ihm produzierten Progesteron als *luteale Phase* bezeichnet. Progesteron ist für den raschen Wiederaufbau der Gebärmutterschleimhaut verantwortlich, in der sich im Falle einer Empfängnis das befruchtete Ei einnistet und ernährt wird. Progesteron hat viele Funktionen. Dazu gehört – besonders interessant für alle, die die Geschlechtswahlmethode anwenden möchten – die plötzliche Veränderung der Zusammensetzung der zervikalen Sekretionen, die dafür sorgt, daß den Samenzellen der Zugang zu den inneren weiblichen Fortpflanzungsorganen erschwert wird. Ist während des Monatszyklus kein Ei befruchtet worden, dann wird der Gelbkörper funktionslos und zerfällt. Die Produktion der Hormone, die die Vorbereitung und »Instandhaltung« der Gebärmutterschleimhaut geregelt haben, wird eingestellt. Daraufhin beginnt sich die Gebärmutterschleimhaut zurückzubilden, zu verfallen und wird schließlich mit der monatlichen Blutung ausgestoßen. Ein neuer Zyklus beginnt, und der Kreislauf schließt sich.

Ein *durchschnittlicher* Zyklus dauert 28 Tage, gerechnet vom 1. Blutungstag bis zu einem Tag vor der nächsten Menstruation, dem Beginn des folgenden Zyklus. Im Durchschnitt findet die Ovulation am 14. Tag, also in der Mitte des Zyklus, statt. Hierbei liegt die Betonung auf »im Durchschnitt«. Zwar haben die meisten Frauen ihren Eisprung in etwa auf der Mitte des monatlichen Zyklus, aber die Unterschiede von Frau zu Frau sind dennoch beachtlich, und selbst bei ein und derselben Frau kann es von Monat zu Monat zu beträchtlichen Schwankungen kommen.

Manche Frauen haben hoffnungslos unregelmäßige Zyklen, deren jeweilige Dauer nicht vorhersehbar ist. Andere wiederum haben entweder stets sehr kurze oder sehr lange Zyklen. Es gibt solche von 24 Tagen, aber auch von 40 Tagen. Die regelmäßigen Zyklen sind jedoch häufiger als die unregelmäßigen, und die Mehrheit der Frauen kann einen bestimmten Rhythmus feststellen. Aber auch Frauen mit ausgesprochen regelmäßigen Zyklen müssen berücksichtigen, daß verschiedene Formen der körperlichen oder seelischen Belastung, Krankheit, Veränderungen der Eß- oder Schlafgewohnheiten,

Rauchen, erhöhter Alkoholgenuß und viele andere Faktoren mehr eine vorübergehende Unregelmäßigkeit des monatlichen Rhythmus verursachen können.

Doch keine Sorge: Auch für viele der Frauen mit unregelmäßigem Zyklus gibt es die Möglichkeit, den ungefähren Ovulationszeitpunkt innerhalb ihrer jeweiligen Zyklen zu bestimmen. Die komplexen biochemischen Vorgänge während des Zyklus sind so dramatisch, daß sie sich in physiologischen Reaktionen äußern, die sich ganz gezielt und oft mit beachtlicher Genauigkeit feststellen lassen.

Die Zervikalschleimmethode

Viele Jahre lang hielten Wissenschaftler, unter ihnen auch Dr. Shettles, die »Temperaturmethode«, bei der durch tabellarisches Notieren der Zykluskurve der Zeitpunkt des Eisprungs bestimmt wird, für die zuverlässigste Methode. Sie ist zwar immer noch sinnvoll und wird noch eingehender erläutert werden, bringt aber gewisse Nachteile mit sich.

Es gibt eine bessere Methode, die sich vor kurzem als außerordentlich wirksam für Familienplanung auf natürlichem Wege erwiesen hat (sowohl zur Verhütung als auch zur Herbeiführung einer Schwangerschaft) und auf der Untersuchung des Zervikalschleims zu verschiedenen Zeitpunkten des monatlichen Zyklus beruht.

Bisher kam die Zervikalschleimmethode nur kurz zur Sprache. Es wurde erwähnt, daß der von Zellen des Gebärmutterhalses abgesonderte Zervikalschleim zu Beginn des Zyklus dickflüssig und trübe ist und nur in geringen Mengen auftritt. Je näher der Eisprung heranrückt, desto dünnflüssiger und durchsichtiger wird er; oft (aber nicht immer) tritt er dann auch in reichlicherem Maße auf. Zum Zeitpunkt des Eisprungs ist der Schleim am dünnflüssigsten und elastischsten (so daß er sich leicht in Fäden ziehen läßt) und erinnert in Konsistenz und Aussehen an rohes Eiweiß. Er kann außerhalb des Körpers untersucht werden und ist, wie wir gleich sehen werden, ein höchst zuverlässiges Mittel, um den jeweiligen Stand des Zyklus in Erfahrung zu bringen.

Das Beobachten des Zervikalschleims ist ein wesentlicher Bestandteil einer Methode der natürlichen Familienplanung, die *Ovulationsmethode* genannt wird. Diese Methode basiert auf den Arbeiten zweier sehr angesehener australischer Wissenschaftler der Medizin, Dr. Evelyn Billings und Dr. John Billings, und wird daher auch oft einfach »Billings-Methode« genannt. Sie besteht aus dem Erkennen von »fruchtbarem« Schleim und dem Aussetzen des Geschlechtsverkehrs an den Tagen mit fruchtbarem Schleim (der den Spermien ein leichtes Eindringen ermöglicht).

Die Ovulationsmethode ist nicht zu verwechseln mit der Ogino-Knaus-Methode, die von der Berechnung eines durchschnittlichen Zyklus ausgeht und allgemein als eine recht unzuverlässige Verhütungsmethode bekannt ist. Die Ovulationsmethode dagegen basiert auf physiologischen Beobachtungen, die jederzeit Aufschluß über die tatsächlichen Vorgänge im Fortpflanzungszyklus geben.

Die Ovulationsmethode hat besonders in den letzten 2 Jahren ein hohes Maß an Popularität erreicht, da sie nicht nur ein Mittel zur Verhütung von Schwangerschaften ist, sondern auch bei bestimmten Formen der Unfruchtbarkeit hilft. Zahlreiche bis dahin unfruchtbare Paare erzielten mit dieser Methode eine Schwangerschaft, weil sie ihnen half, die besonders fruchtbaren Tage festzustellen.

Mehrere Untersuchungen zeigen, daß die Ovulationsmethode ein außergewöhnlich wirksames Verhütungsmittel sein kann. Vor kurzem wurde eine Studie durchgeführt, an der Frauen aus 5 verschiedenen Erdteilen teilnahmen. Obwohl viele dieser Frauen Analphabetinnen waren, lernten sie, diese Methode zu beherrschen, womit die Kritik ausgeräumt wäre, daß die Ovulationsmethode nur in den Industriestaaten erfolgreich sein könne. Tatsächlich zeigt die kürzlich veröffentlichte Fünf-Nationen-Studie der Weltgesundheitsorganisation, daß die höchsten Erfolgsquoten mit dieser Methode gerade in den am wenigsten entwickelten Ländern erzielt wurden, was möglicherweise mit einer höheren Motivation angesichts des bedrohlichen Problems der Bevölkerungsexplosion zusammen-

hängt. Die Internationale Vereinigung für geplante Eltern-
schaft (International Planned Parenthood Federation) meinte
dazu (siehe *Research in Reproduction* vom Juli 1982): »Bemerkenswert ist, daß die Methode in allen fünf Ländern verhält-
nismäßig erfolgreich war, von denen drei Entwicklungsländer
waren.«

Verschiedene Studien lassen den Schluß zu, daß die Ovulationsmethode bei richtiger Handhabung in 98,5 Prozent der
Fälle eine Empfängnis verhüten kann. Natürlich ist es ein Unterschied, ob man diese Methode zur Empfängnisverhütung
oder Geschlechtswahl benutzt.

Beabsichtigen Sie, diese Methode als Mittel der Empfängnisverhütung anzuwenden, sollten Sie sich in der einschlägigen
Literatur eingehend über alle Einzelheiten der Billings-Methode informieren oder sich an Personen wenden, die Sie in
den Umgang mit der Methode einführen können.

Wollen Sie den Zervikalschleim jedoch zum Zweck der Geschlechtswahl beobachten, werden die folgenden Anweisungen den meisten genügen.

Die Grundlagen der Billings-Methode

Zunächst ist es wichtig zu wissen, daß Östrogen die Sekrete
des Gebärmutterhalses dünnflüssiger, durchsichtiger und
meist auch reichlicher werden läßt, je mehr es dem Eisprung
zugeht. Auf diese Weise erleichtert die Natur den Spermien
den Zugang zur Eizelle, denn dickflüssiger, trüber Schleim ist
schwerer zu durchdringen. Als ersten Schritt sollten Sie der
Übung halber über einige Zyklen hin die Veränderungen des
Zervikalschleims verfolgen. So werden Sie mit der Zeit die
verschiedenen Stadien des Schleims innerhalb eines Zyklus
unterscheiden lernen. Sehr wahrscheinlich werden Sie bestimmte Regelmäßigkeiten feststellen, vor allem, wenn Ihr
Zyklus relativ regelmäßig ist.

Sie werden vermutlich beobachten, daß der erste Zervikalschleim noch recht spärlich ist und weder besonders flüssig
noch elastisch. Im Verlauf des Zyklus werden Sie feststellen,
daß der Schleim durchsichtiger wird und sich ohne zu reißen

immer länger zwischen den Fingern wie ein Faden spinnen läßt. Schließlich werden Sie erleben, wie er plötzlich wieder zum ursprünglichen Zustand zurückkehrt und nicht mehr völlig dünnflüssig und durchsichtig ist, sondern erneut zähflüssig und trübe wird. Daraus können Sie schließen, daß es sehr wahrscheinlich bereits zum Eisprung gekommen ist. (Manche vertreten die Ansicht, daß der Eisprung erst kurz nach der Veränderung des Schleims eintritt, wahrscheinlicher ist jedoch, daß er vor der Veränderung liegt. In jedem Fall zeigt Ihnen die Veränderung des Schleims an, daß die Ovulation – plus oder minus – wenige Stunden entfernt ist.)

Wie gelangen Sie überhaupt an den Zervikalschleim? Vermutlich haben Sie bereits oft bemerkt, daß Sie dazu nicht bis ins Innere der Vagina vordringen müssen. Wischen Sie einfach nach dem Urinieren mit sauberem Zellstoff über die äußere Vagina. Sofern Sie sich in einem Zyklusstadium befinden, in dem überhaupt Schleim auftritt, wird er auf dem Zellstoff deutlich zu sehen sein. Falls Sie während der »Übungszyklen« eine Tabelle führen möchten (bald mehr darüber), bewahren Sie sie am besten gleich im Badezimmer auf, so daß Sie die Eintragungen immer gleich nach jedem Urinieren vornehmen können.

Während dieser Übungszyklen müssen Sie natürlich in irgendeiner anderen Form für Empfängnisverhütung sorgen. Zum einen können Sie bei der Billings-Methode nicht die Pille nehmen, zum anderen werden Sie ohnehin für einige Monate die Pille absetzen wollen, bevor Sie versuchen, schwanger zu werden. Auch empfängnisverhütender Schaum oder Gels können die Sekrete beeinflussen und es Ihnen erschweren, ihren Zustand einzuschätzen. Kondome bieten während dieser Übungszyklen für die Geschlechtswahl den geeignetsten Schutz vor einer Schwangerschaft. Sie verändern die Konsistenz der Sekrete nicht und erleichtern es, den jeweiligen Zustand des Schleims einschätzen zu lernen, da keine Samenflüssigkeit in die Vagina gelangen kann (in der Methode noch unerfahrene Frauen könnten sie leicht mit Zervikalschleim verwechseln).

Hier das Beispiel eines typischen Zyklusverlaufs (von dem Ihr persönlicher »Schleimrhythmus« jedoch leicht oder auch sehr stark abweichen kann):

1.–5. Tag: Monatsblutung. An diesen Tagen ist eine Beobachtung des Zervikalschleims nicht nötig. Bei manchen Frauen tritt auch während der Blutungen Schleim auf, was jedoch sehr selten ist.

6.–8. Tag: weder Blutungen noch Schleim. Man spricht auch von den »trockenen Tagen«. Zumindest bei der Mehrheit der Frauen kommt es zu einigen trockenen Tagen, bevor die Schleimbildung beginnt.

9. Tag: Der erste Schleim tritt auf. An diesem 1. »feuchten« Tag ist er allerdings noch sehr spärlich. Wenn Sie nach dem Urinieren mit einem Zellstofftuch über die Vulva (äußere Geschlechtsteile) wischen, finden Sie nur wenig Sekret. Sie sollten vor allem auf Farbe und Konsistenz oder auch die »Dehnbarkeit« des Schleims achten. Die Menge des Sekrets ist von geringerer Bedeutung. Im allgemeinen tritt zwar zu Anfang weniger Schleim auf und nimmt mit Herannahen der Ovulation immer mehr zu, was aber keinesfalls immer der Fall sein muß. Achten Sie mehr auf Qualität. Haben Sie festgestellt, daß Zervikalschleim auftritt, überprüfen Sie ihn sorgfältig nach jedem Urinieren. Am 1. Tag wird er vermutlich recht trübe und dickflüssig sein.

10. Tag: Schleim tritt auf. Er ist immer noch zähflüssig und undurchsichtig oder von weißlicher Farbe. Versuchen Sie den »Dehntest«: Nehmen Sie etwas Schleim zwischen Daumen und Zeigefinger, und bewegen Sie sie langsam auseinander. Zu diesem Zeitpunkt wird das Sekret noch nicht sehr elastisch sein und schnell zerreißen, so daß auf Daumen und Zeigefinger je etwas Schleim zurückbleibt. Notieren Sie, wie weit sich der Schleimfaden ungefähr dehnen läßt, damit Sie später Vergleiche anstellen können. Zu Beginn der »Schleimphase« läßt sich der Faden selten mehr als 2 – 3 Zentimeter lang ziehen.

11. Tag: Schleim ist nun dünnflüssiger und elastischer. Das läßt sich schon durch einen Blick auf das Papiertuch erkennen. Möglicherweise ist es auch schon mehr als in den vergangenen

Tagen. Der Schleim ist immer noch weißlich, aber nicht mehr ganz so undurchsichtig. Er fühlt sich feuchter und flüssiger an und läßt sich weiter zwischen Daumen und Zeigefinger dehnen. (Sie können die Dehnbarkeit auch testen, indem Sie etwas Schleim über den Papierrand hängen lassen und beobachten, wie weit er sich dehnt, bevor der Faden reißt und der untere Teil herunterfällt.)

12. Tag: Der Schleim ist nun noch wäßriger und durchsichtiger als am Tag zuvor und läßt sich weiter dehnen.

13. Tag: Der Schleim ist jetzt *sehr* wäßrig und hat die Konsistenz von rohem Eiweiß. Er ist völlig durchsichtig und schlüpfrig, dabei höchst elastisch und läßt sich 5–12 Zentimeter weit auseinanderziehen. Hat das Zervikalsekret diesen Zustand erreicht, sprechen die Anhänger der Ovulationsmethode vom »Gipfel«, an dem die Östrogenausschüttung auf ihrem Höhepunkt und der Schleim am dünnflüssigsten, durchsichtigsten und elastischsten ist. Jetzt haben die Sekrete wahrscheinlich auch an Menge zugenommen. Möglicherweise ist dies der Ovulationstag, aber schließlich befinden Sie sich noch im Übungszyklus – warten Sie also ab, ob sich Ihre Vermutung bestätigt. Handelt es sich tatsächlich um den Tag des Eisprungs, dann werden die Sekrete bald wieder trüber, dickflüssiger und weniger dehnbar werden, da nun Progesteron ins Spiel kommt und einen Teil der Wirkungen des Östrogens aufhebt, die bis zum Eintritt der Ovulation überwiegen.

14. Tag: Der Schleim ist *immer noch* durchsichtig und schlüpfrig, was unter Umständen den restlichen Tag über andauern kann. Daraus können wir entnehmen, daß die »Gipfel«-Symptome *mitunter* länger als 1 Tag bestehen. Bei vielen Frauen, möglicherweise sogar bei der Mehrheit, dauern sie jedoch nur 1 Tag. (Bei manchen Frauen sogar nur einige Stunden.) Nehmen wir also in diesem Fall an, die Symptome des Zyklus-»Höhepunkts« ziehen sich noch über den Vormittag dieses Tages hin. Am frühen Nachmittag haben sich die Eigenschaften des Schleims jedoch plötzlich geändert, und er ist in einem Maße wieder dickflüssig und weißlich, daß Sie den Unterschied sofort erkennen können. Die von Östrogen bestimmte Zyklusphase ist zu Ende, der Eisprung hat entweder bereits stattgefunden, findet gerade statt oder wird sehr bald stattfinden, und die von Progesteron bestimmte Zyklusphase beginnt.

Wenn Sie einige Übungszyklen lang den Schleim beobachtet haben (mindestens über 3 Zyklen, auf jeden Fall aber so lange, bis Sie genügend Sicherheit entwickelt haben, um den genauen Zeitpunkt des Eisprungs, wenn auch nicht gerade die Stunde, so aber doch den Tag, ausmachen zu können), werden Sie ein »Gefühl« für diese Methode bekommen und aller Wahrscheinlichkeit nach Ihren Zyklus gut genug kennenlernen, um Ihr Ziel zu erreichen. Womöglich stellen Sie fest, daß Sie einen relativ regelmäßigen Rhythmus haben und die Symptome Ihres »Höhepunkts« beispielsweise über einen einigermaßen vorhersagbaren Zeitraum anhalten. Aber selbst wenn Sie keinen dauerhaften Rhythmus erkennen können, wird es dennoch in den meisten Fällen möglich sein, den Ovulationstag auszumachen.

Die Billings-Tabelle

Das Führen einer Tabelle ist von entscheidender Bedeutung. Sie können sich fertige Tabellenvordrucke besorgen oder auch selbst, wie in der Abbildung A dargestellt, auf einem Blatt Papier Kästchen einzeichnen. Notieren Sie, wie in dem Beispiel, ganz oben das Jahr und den Monat, in dem der Zyklus beginnt. Tragen Sie dann unter den Zyklustagen das fortlaufende Datum ein. Achten Sie darauf, daß Sie Zyklustag und Datum nicht verwechseln. In Abbildung A ist beispielsweise der 1. Zyklustag der 12. April und der letzte der 9. Mai. Dieser Zyklus dauert also 28 Tage.

Tabelle A

Name   Jahr 1984   Monat April   Arzt

Zyklus-tag	1	2	3	4	5	6	7	8	9	10	11	12	13	14	15	16	17	18	19	20
Monats-tag	12	13	14	15	16	17	18	19	20	21	22	23	24	25	26	27	28	29	30	I
	B	B	B	B	B	T	T	T	S	S	S	S	S	Ⓢ	S	S	T	T	T	T

21	22	23	24	25	26	27	28	29	30	31	32	33	34	35	36	37	38	39	40
2	3	4	5	6	7	8	9												
T	T	T	T	T	T	T	T												

Unser Tabellenbeispiel zeigt den zuvor beschriebenen Zyklus-verlauf. Wie Sie sich erinnern werden, hatte die Frau unseres Musterzyklus ihre Monatsblutung vom 1. bis zum 5. Tag und hat daher in den Kästchen für die ersten 5 Tage ein B (für »Blutung«) eingetragen. Vom 6. bis zum 8. Tag traten weder Blutungen noch Zervikalschleim auf – also wird in den entsprechenden Kästchen ein T (für »trocken«) eingefügt. Vom 9. bis zum 14. Tag stellt die Frau Zervikalschleim von unterschiedlicher Durchsichtigkeit, Feuchtigkeit und Elastizität fest und trägt für diese Tage ein S (für »Schleim«) ein. Außerdem macht sie um das S am 14. Zyklustag einen Kreis beziehungsweise ein O (für »Ovulation«), da dieser Tag offensichtlich der Höhepunkt der Schleimbildung war, an dem höchstwahrscheinlich auch der Eisprung stattgefunden hat.

Sie sehen, daß die Frau auch für den 15. und 16. Tag ein S eingetragen hat, denn an diesen Tagen trat auch noch etwas Schleim auf, der wieder zähflüssig und weißlich wie zu Beginn des Zyklus war. Die meisten Frauen beobachten nach dem »Höhepunkt« noch 2 oder 3 Tage lang Schleimbildung. Auf diese Tage folgten dann aber nur noch trockene Tage, die entsprechend bis zur nächsten Blutung eingetragen werden.

Verfolgen Sie während der Übungszyklen die Schleimentwicklung an allen Zyklustagen. Mitunter kann auch in der 2. Zyklushälfte plötzlich Schleim auftreten, bei dem es sich jedoch praktisch immer um »unfruchtbare«, also dickflüssige und trübe Sekrete handeln wird. Besonders sorgfältig sollte der Schleim beobachtet werden, wenn die Blutungen aufhören beziehungsweise die stärkste Blutung nachläßt. (Nach der eigentlichen Blutung kann es noch zu Schmierblutungen kommen – verfolgen Sie die Schleimbildung auch schon an diesen

Tagen.) Prüfen Sie die Sekrete nach jedem Urinieren, und achten Sie auf Farbe und Konsistenz. Wenn Sie sich Ihre Beobachtungen gleich auf das Tabellenblatt notieren, können Sie alle Informationen zu einem bestimmten Zyklus zusammenhalten.

Die Frau in unserem Beispiel würde also unter ihrer Tabelle für den 1. »Schleimtag« ungefähr folgendes notieren:

> 9. Tag: Erster Schleim heute morgen gegen
> 10.30 Uhr aufgetreten; dickflüssig, weißlich
> und kaum dehnbar in sehr geringer Menge;
> den ganzen Tag über keine Veränderungen.

Machen Sie sich an jedem Tag mit Schleimbildung solche Notizen, auch wenn der Eisprung Ihrer Ansicht nach schon stattgefunden hat. Wenn Sie einmal damit begonnen haben, werden Sie feststellen, daß diese Aufzeichnungen nur einige Minuten täglich in Anspruch nehmen – wenn Sie aber dann den eigentlichen Versuch unternehmen, einen Jungen oder ein Mädchen zu bekommen, werden Sie von unschätzbarem Wert sein. Ihre endgültigen Notizen sollten Sie jeweils am Ende des Tages vornehmen. Beginnt ein Tag beispielsweise »trocken«, endet aber »feucht«, dann kennzeichnen Sie diesen Tag mit einem F. Ihre zusätzlichen Vermerke geben Ihnen dann Auskunft über alle übrigen Merkmale des Tages.

Es muß betont werden, daß jede Frau bezüglich der Schleimentwicklung einen anderen Rhythmus aufweist. Zudem wird jede Frau bei sich selbst höchstwahrscheinlich zumindest einige Abweichungen von Monat zu Monat feststellen. Manche Frauen gehen unmittelbar, ohne »trockene« Tage, von der Monatsblutung zu den »Schleimtagen« über. Bei anderen wiederum kommt es zu einer längeren Periode von »trockenen« Tagen und zu nur 1 oder 2 »feuchten« Tagen. In jedem Fall gibt Ihnen diese Methode der Beobachtung des Zervikalschleims jederzeit wichtige Hinweise auf die Vorgänge in Ihrem Zyklus. Auch wenn Ihr Zyklus ausgesprochen unregelmäßig sein sollte, können Sie an der Beschaffenheit der Zervikalsekrete an jedem beliebigen Tag ablesen, ob es womöglich ein fruchtbarer Tag ist.

Denken Sie daran, daß etwa Krankheit, starker Streß oder plötzliche Veränderungen in Ihrer Umgebung, Ernährungsweise oder Eß- und Trinkgewohnheiten auch Ihren Schleimrhythmus verändern können. Verfolgen Sie die Entwicklung Ihrer Sekrete also besonders aufmerksam, wenn Ihre Lebensgewohnheiten eine deutliche Änderung erfahren. Stillen oder verschiedene Formen der Unfruchtbarkeit können außerdem dazu führen, daß der Schleim nur spärlich auftritt oder ganz ausbleibt. Sie müssen jedoch nicht gleich befürchten, unfruchtbar zu sein, nur weil 1 oder 2 Monate lang nur wenig oder auch gar kein Schleim auftritt. Im allgemeinen betrachten Ärzte Paare frühestens dann als unfruchtbar, wenn sie mindestens 1 Jahr lang vergeblich versucht haben, eine Empfängnis zu erzielen. Sind Sie dennoch der Ansicht, daß mit Ihren Sekreten etwas nicht stimmt, sollten Sie natürlich Ihren Arzt um Rat fragen.

Bei manchen Frauen, vor allem, wenn sie einen besonders langen Zyklus haben, kommt es gelegentlich zu 1, 2 oder mehr »Schleimtagen«, gefolgt von 1, 2 oder mehreren »trockenen« Tagen, auf die wieder mehrere »feuchte« Tage folgen. An solchen Unregelmäßigkeiten wird deutlich, wie wichtig es ist, über mehrere Übungszyklen hinweg Tabellen zu führen. Dauern diese Unregelmäßigkeiten an, müssen Sie in besonderem Maße auf die Qualität des Zervikalschleims achten, um den »Gipfeltag« zu erkennen, der wahrscheinlich der Tag des Eisprungs ist. Frauen mit besonders unregelmäßigen Zyklen werden mit Sicherheit auf *zusätzliche* Methoden zur Bestimmung des Eisprungs zurückgreifen wollen.

Sehr viele Frauen haben keinerlei Schwierigkeiten, ihren Zyklus-»Höhepunkt« festzustellen. Manche berichten, darin inzwischen so erfahren zu sein, daß ihnen ein Blick auf die Sekrete genügt, um zu wissen, ob der Höhepunkt da ist oder nicht. Manche meinen, es sogar am Gefühl von Feuchtigkeit in der Vulva ablesen zu können. Wir raten dennoch, den Schleim *anzusehen*. In jedem Fall sollte berücksichtigt werden, daß der »Gipfel« länger als 1 Tag andauern kann. Wenn Sie der Ansicht sind, daß die Symptome den höchsten Punkt der Schleimbildung erreicht haben, überprüfen Sie sie sooft wie möglich.

Vergessen Sie auch nicht, daß Sie keine Durchschnittswerte verwenden können, um Ihr ganz persönliches Verfahren zur Geschlechtswahl zu entwickeln. Es kann allerdings hilfreich sein, diese Durchschnittswerte zu kennen, insbesondere, um am Anfang zu wissen, nach welchen Merkmalen Sie zu suchen haben.

Unter diesem Vorbehalt verraten wir Ihnen, daß einigen Untersuchungen zufolge *im Durchschnitt* 5,9 Tage zwischen der ersten Schleimbildung und dem Eisprung liegen. *Ihr* persönlicher Durchschnitt kann ein völlig anderer sein, doch der Durchschnitt der Zyklen aller Frauen ergibt in etwa einen Zwischenraum von ungefähr 6 Tagen zwischen dem ersten Auftreten von Sekreten und der Ovulation. All dies soll deutlich machen, wie wichtig es ist, daß Sie nicht gleich bei den ersten Anzeichen der Schleimbildung meinen, der Eisprung stehe kurz bevor. Haben Sie Geduld. Lernen Sie Ihren Zyklus erst gründlich kennen. Sie haben Zeit.

Die Basaltemperaturmethode

In unseren früheren Büchern über Geschlechtswahl haben wir die Basaltemperaturmethode als bestes Verfahren zur Eisprungbestimmung empfohlen. Doch angesichts der neuen wissenschaftlichen Erkenntnisse über Zervikalschleim haben wir unsere Meinung geändert und geben der Billings-Methode den Vorzug. Die Basaltemperaturmethode kann dennoch sehr nützlich sein. Wir schlagen vor, sie in Verbindung mit der Billings-Methode anzuwenden. Sollten die mit beiden Methoden erzielten Ergebnisse jedoch durchweg voneinander abweichen, raten wir, sich lieber auf die Beobachtung der Zervikalsekrete zu verlassen.

Bei der Temperaturmethode wird die *Basaltemperatur* (also die Morgentemperatur vor dem Aufstehen) gemessen, was auf der allgemein anerkannten Beobachtung beruht, daß die Körpertemperatur zum Zeitpunkt der Ovulation unvermittelt ansteigt. Dieser Temperaturanstieg wird dadurch verursacht, daß zur Zeit des Eisprungs das Östrogen, das die Temperatur niedrig hält, von Progesteron abgelöst wird, das die Temperatur nach oben schnellen läßt.

Auch bei dieser Methode müssen Sie eine Tabelle führen, in diesem Fall über Ihre Temperatur. Abbildung B zeigt ein Beispiel für eine solche Tabelle. Sie können sich mit einem Lineal auf normalem Papier Ihre eigene Tabelle zeichnen oder auch Millimeterpapier besorgen. Notieren Sie auf jedes Blatt Jahr und Monat des betreffenden Zyklus. Tragen Sie auf die linke Seite des Diagramms Temperaturgrade von 36 bis 37,5 ein und lassen dazwischen jeweils 1 Kästchen für die Zehntelgrade frei (also 36,1; 36,2; 36,3 usw.). Bei unserem Beispiel begann der Zyklus im Februar 1984. Der 1. Blutungstag, der auch der 1. Zyklustag ist, war der 5. Februar. Also wurde unter Zyklustag 1 der Kalendertag 5 eingetragen. In unserem Beispiel dauerte der Zyklus 30 Tage und endete am 5. März. Solange die Blutungen andauern, ist Temperaturmessen nicht nötig. Markieren Sie diese Tage einfach, indem Sie die Kästchen auf der Mitte der Skala (etwa bei 36,6) ausmalen. Diese Kennzeichnung wird allgemein verwendet. In unserem Beispiel waren es 5 Blutungstage, also wurden die Kästchen für die ersten 5 Zyklustage ausgefüllt.

Bei der Frau in unserem Beispiel (Abbildung B) traten am 6. Tag keine Blutungen mehr auf, so daß sie mit der Messung der Basaltemperatur begann. Dafür eignen sich am besten spezielle Basal- oder »Ovulationsthermometer«, die in den meisten Apotheken erhältlich sind. Sie haben meist eine Temperaturskala von 35 oder 36 bis etwa 38 Grad Celsius mit leicht ablesbaren Zehntelgraden.

Man spricht von *Basal*temperatur, weil es die *Basis*temperatur ist, wenn der Körper sich in Ruhestellung befindet und keiner Belastung ausgesetzt ist. Jede Tätigkeit beeinflußt die Körpertemperatur und läßt sie entweder über die eigentliche Grundtemperatur steigen oder darunter fallen. Aus diesem Grund müssen Sie Ihre Basaltemperatur *unbedingt* gleich nach dem Aufwachen messen, und zwar *vor dem Aufstehen* und *bevor* Sie essen, rauchen, Geschlechtsverkehr haben usw.

Diagramm B

Name:　　　　　　Jahr:　　　　Monat:　　　　Arzt:

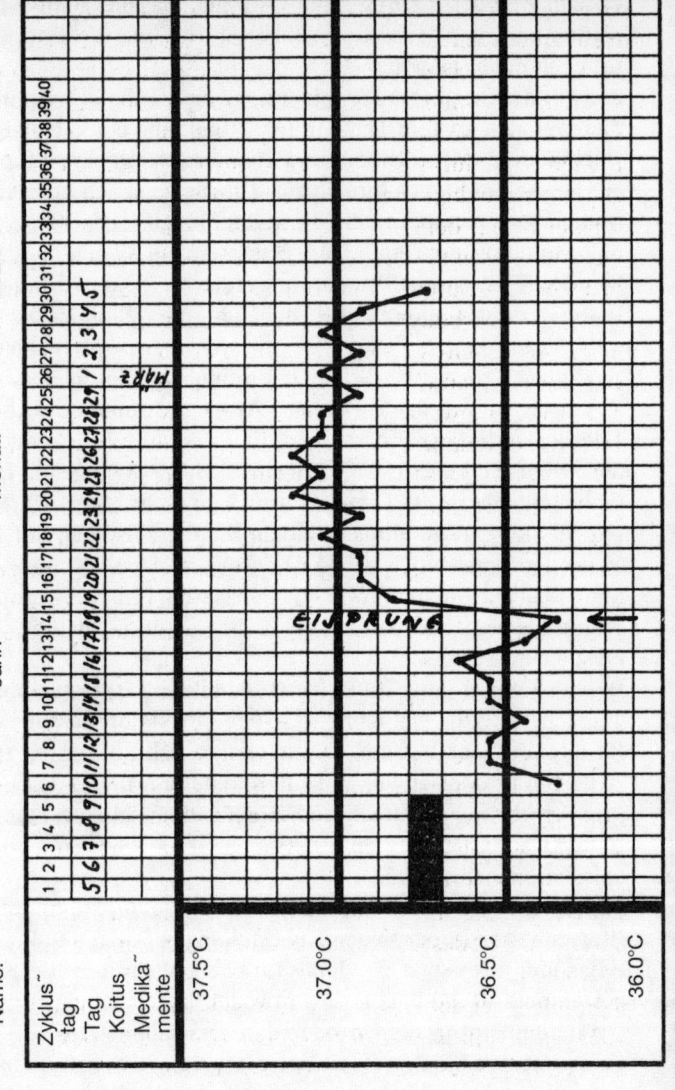

106

Bewahren Sie das Thermometer immer gleich neben Ihrem Bett auf, und messen Sie jeden Morgen sofort nach dem Aufwachen. (Beachten Sie die Hinweise für den Gebrauch des Thermometers hinsichtlich Handhabung, Säuberung und Aufbewahrung.) Messen Sie genau 3 Minuten unter der Zunge. Sorgen Sie dafür, daß eine Uhr griffbereit ist, damit die Zeit genau eingehalten wird, und kommen Sie während des Messens nicht mit den Händen an das Thermometer. Lesen Sie nach 3 Minuten die Temperatur sorgfältig ab, und kennzeichnen Sie die entsprechende Stelle auf dem Diagramm mit einem Punkt. Wiederholen Sie das jeden Morgen unmittelbar nach dem Aufwachen. Verbinden Sie die einzelnen Punkte wie auf Abbildung B mit einer durchgehenden Linie.

Versuchen Sie während der Übungszyklen, in denen Sie mit Ihrem Temperaturrhythmus vertraut werden sollen, hinsichtlich Ernährung, Schlaf, Sport usw., ein möglichst regelmäßiges Leben zu führen. Versuchen Sie *auf keinen Fall,* Ihren Zyklus kennenzulernen, wenn Sie zum Beispiel eine Reise machen, mitten im Umzug sind oder vielleicht gerade eine neue Stelle antreten. In einer ausgeglichenen Lebenssituation wird es viel leichter fallen, eine möglichst exakte Temperaturkurve des Zyklus zu erstellen.

Berücksichtigen Sie, daß körperliche oder seelische Belastungen, Krankheit (selbst Erkältungen), ein Übermaß im Rauchen, Essen oder Trinken, Schlafmangel und vieles mehr Ihre Basaltemperatur beeinflussen kann. Messen Sie aber auch in diesen Fällen weiter. Sie werden auf den Diagrammen bald bestimmte Regelmäßigkeiten entdecken und nach mehreren, einigermaßen ruhigen Zyklen, die ohne Unterbrechungen verlaufen sind, Ihren Temperaturrhythmus gut genug kennen, um den Zeitpunkt des Eisprungs mit einiger Sicherheit bestimmen zu können.

Worauf es bei der Basaltemperatur ankommt, ist der plötzliche Temperaturanstieg zur Zeit des Eisprungs. Behalten Sie die täglichen Messungen bei, bis die Menstruation wieder einsetzt. Mit dem Beginn des neuen Zyklus fangen Sie auch ein neues Diagramm an.

Fast alle Frauen stellen bei genauer Diagrammführung fest, daß ihre Basaltemperatur vor der Ovulation auffallend niedriger ist als danach, worin die 2 Zyklusphasen deutlich werden. Die Temperaturen *vor* Ovulation liegen für gewöhnlich, aber keinesfalls immer, ungefähr zwischen 36,3 und 36,6 Grad Celsius, also in einem sehr eng gesteckten Skalenbereich. Nach dem Eisprung steigt die Temperatur an, und zwar im allgemeinen um 0,2 – 0,5 Grad Celsius täglich. Von diesem Zeitpunkt an bleibt die Temperatur fast immer über 36,5 Grad, kann aber auch mitunter darüber oder darunter liegen. In der Zyklusphase nach der Ovulation bewegt sich die Basaltemperatur in der Regel zwischen 36,8 und 37 Grad Celsius. Gegen Ende des Zyklus, kurz vor der nächsten Menstruation, fällt die Temperatur rapide ab.

Ähnlich wie bei der Zervikalschleimmethode ist es auch hier sinnvoll, alle besonderen Aktivitäten zu notieren, damit Sie später eventuelle Unregelmäßigkeiten in Ihrem Diagramm nachverfolgen können.

Auf Abbildung B wird deutlich, daß die Temperaturkurve im großen und ganzen 2 Phasen widerspiegelt: In der von Östrogen bestimmten Phase vor der Ovulation ist die Temperatur eher niedrig, während sie in der von Progesteron geprägten Phase nach dem Eisprung ansteigt. Die Frau in unserem Beispiel begann am 6. Zyklustag mit den Messungen und notierte 36,3 Grad Celsius. (Beachten Sie, daß jeweils das Kästchen über der entsprechenden Gradangabe gekennzeichnet wird.) Bis zum 13. Tag schwanken die Temperaturen innerhalb dieses Bereichs nur wenig. Am 14. Tag fällt die Temperatur ein wenig unter das Niveau der letzten Tage, ein typischer Vorgang vor einem plötzlichen Ansteigen der Temperatur, wie es dann am 15. Tag auch tatsächlich eintritt. (Untersuchungen zeigen, daß dieser kleine, aber auffallende Temperaturabfall bei 75 Prozent aller Frauen auftritt.)

Ist die Temperaturentwicklung so deutlich wie in unserem Beispiel – was häufig der Fall ist –, kann eine Frau mit recht großer Sicherheit davon ausgehen, daß es sich hier um den entscheidenden »Umschwung« handelt und der Eisprung bereits eingetreten ist, gerade stattfindet oder innerhalb der nächsten Stunden nach dem Temperaturumschwung zu erwarten ist. Wenn die Temperatur einmal angestiegen ist und auch erhöht bleibt, können Sie sich sicher sein, daß der Eisprung schon stattgefunden hat.

Es gibt unterschiedliche Meinungen darüber, in welchem zeitlichen Verhältnis der Eisprung zu dem Temperaturwechsel steht. Manche meinen, er ereigne sich zum Zeitpunkt des kurzen Temperaturabfalls vor dem Hochschnellen der Temperatur. Andere behaupten, der Tag des plötzlichen Temperaturanstiegs sei der Ovulationstag. Den zuverlässigsten Studien zufolge erfolgt der Eisprung entweder während des Temperaturabfalls oder kurz nach *Beginn* des Anstiegs – in jedem Fall handelt es sich wohl um eine sehr kurze Zeitspanne. In unserem Beispiel auf Abbildung B liegt der Zeitpunkt des Eisprungs, korrekte Eintragungen vorausgesetzt, höchstwahrscheinlich bei dem Temperaturabfall am 14. Tag, am Morgen des 15. Zyklustages oder aber dazwischen.

Nicht alle Diagramme sind so leicht zu deuten wie in Abbildung B, die Mehrzahl wird jedoch in etwa so aussehen. Bei 10 oder 15 Prozent aller Frauen vollzieht sich der Temperaturanstieg allerdings sehr viel langsamer. Die 2 Phasen der Kurve sind zwar auch hier noch erkennbar, werden aber eher wie in Abbildung C aussehen. Eine Frau mit einem solchen Diagramm ist womöglich, zumindest anfangs, über den Anblick verwirrt. Am 10. Zyklustag (dem 11. Juni) findet sich ein Abfall und gleich darauf ein plötzlicher Anstieg der Temperatur. Sollte das schon der Eisprung sein? In einem 29-Tage-Zyklus scheint es jedoch sehr unwahrscheinlich, daß es so früh zur Ovulation kommt. Die Frau wartet also ab und führt das Diagramm weiter. In den folgenden 2 Tagen steigt die Temperatur tatsächlich etwas an, sinkt dann aber ein 2. Mal ab und erreicht am 14. Zyklustag ihren tiefsten Punkt. Am nächsten Tag kommt es wieder zu einem Anstieg, obwohl die Temperatur immer noch unter 37 Grad Celsius liegt. Die Frau in unserem Beispiel ist verunsichert, zumal die Temperatur am 16. Tag wieder etwas abfällt, am nächsten Tag aber erneut weiter steigt.

Diagramm C

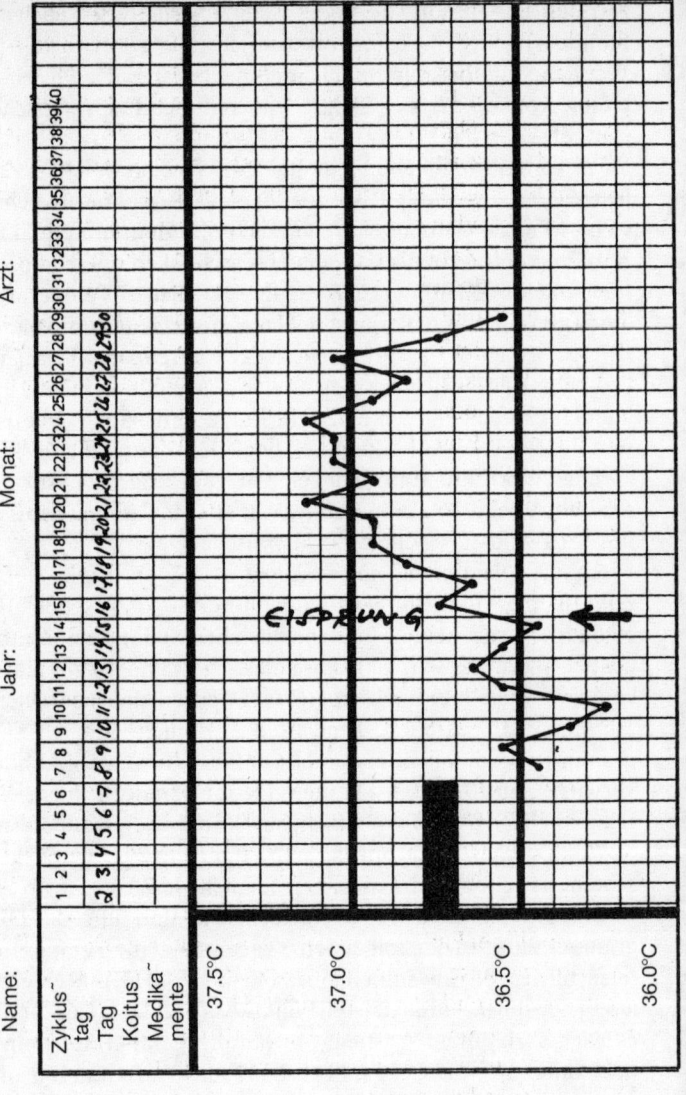

Name: Jahr: Monat: Arzt:

Erst gegen Ende des Zyklus und im Vergleich mit den Diagrammen früherer Zyklen, die ähnlich verlaufen, ist es möglich, die Vorgänge »in den Griff« zu bekommen. In diesem Fall stellen sich der Frau folgende Fragen: Ereignete sich der Eisprung in der Nähe des Temperaturabfalls am 14. Zyklustag, während des Anstiegs am 15. Tag oder beim erneuten Absinken am 16. Tag? In einem solchen Fall muß die Frau in besonderem Maße auf die anderen Ovulationssymptome achten, vor allem auf den Zervikalschleim. In unserem Beispiel stellte die Frau fest, daß der »Höhepunkt« der Schleimbildung dem Temperaturabfall am 14. Zyklustag näher lag als dem Anstieg am 15. Tag oder dem kleineren Abfall am 16. Tag. Die Frau schließt daraus, daß es während des Temperaturabfalls am 14. Zyklustag oder kurz danach zum Eisprung kam.

Bei manchen Frauen kann die Deutung der Temperaturkurven noch schwieriger sein. Unter Umständen sind die Diagramme derart unregelmäßig, daß überhaupt nichts abzulesen ist. *Führen Sie die Temperaturdiagramme dennoch weiter.* Sollten Sie aber auch noch nach 6 Monaten sowohl bei der Zervikalschleim- als auch bei der Temperaturmethode völlig im dunkeln tappen, ist es denkbar, daß Ihr unregelmäßiger Zyklus derart ist, daß nur Ihr Arzt Sie hier beraten kann. (Bei außergewöhnlich schmerzhafter oder starker Menstruation sowie bei stärkeren Blutungen in der Mitte oder gegen Ende des Zyklus sollten Sie in jedem Fall Ihren Arzt aufsuchen.)

Bei manchen Frauen äußert sich der Phasenwechsel in einem Temperaturumschwung von *weniger* als 0,2 Grad Celsius, so daß sie sich natürlich nicht sicher sein können, daß der Eisprung wirklich erfolgt ist. Auch hier kann nur anhand mehrerer Diagramme festgestellt werden, ob ein solch kleiner Unterschied in Ihrem Fall tatsächlich den Eisprung signalisiert. Wiederholt sich diese geringe Temperaturveränderung in den übrigen Zyklen, und fällt sie mit dem »Höhepunkt« der Schleimbildung zusammen, dann können Sie davon ausgehen, daß die Ovulation wirklich zu diesem Zeitpunkt stattfindet.

Da Sie sehr wahrscheinlich die Basaltemperatur- und die Zervikalschleimmethode gleichzeitig anwenden werden, soll nicht unerwähnt bleiben, was Wissenschaftler über das Verhältnis beider Methoden zueinander herausgefunden haben. Die Untersuchungen bestätigen, was wir bisher gesagt haben. Bei der »durchschnittlichen« Frau treten die Symptome für den Höhepunkt der Schleimbildung innerhalb derselben 24 Stunden auf, in denen Labortests zufolge die Ovulation erfolgt. Ebenso stimmt den Untersuchungen zufolge bei der »durchschnittlichen« Frau der Zeitraum von 24 Stunden zwischen der letzten niedrigen Basaltemperatur und dem anhaltenden Anstieg mit dem Tag des Eisprungs überein. Alles scheint zusammenzupassen, zumindest im *Normalfall*.

Weitere Methoden der Ovulationsbestimmung

Es gibt eine Methode, den Zeitpunkt des Eisprungs zu bestimmen, die außergewöhnlich exakt ist. Bedauerlicherweise kann sich nicht jede Frau dieser Methode bedienen, die *Mittelschmerz* heißt und aus einem Schmerzgefühl besteht, das zur Zeit des Eisprungs meist auf der rechten Seite im Unterleib zu spüren ist. Manche Frauen fühlen diesen stechenden Mittelschmerz genau in dem Augenblick, in dem das Ei aus dem Follikel des Eierstocks fällt. Mitunter treten zu diesem Zeitpunkt auch *leichte* Blutungen auf.

Es wird geschätzt, daß ungefähr 15 Prozent aller Frauen ein solch praktisches und genaues Signal für den Eisprung haben. Wenn Sie glauben, zu dieser Gruppe zu gehören, vergleichen Sie den stechenden Schmerz in der Mitte des Zyklus mit den übrigen Ovulationsanzeichen. (Es kann auch andere Ursachen für ein solches Stechen geben, so daß Sie nicht ohne weiteres davon ausgehen können, daß es sich um Mittelschmerz handelt.) Manche Frauen verspüren zwar einen gewissen Schmerz in der Zyklusmitte, der sich aber nicht in einem deutlichen Stechen bemerkbar macht. Bei manchen Frauen kommt es in der Zyklusmitte zu einem dumpfen Schmerzgefühl, das den ganzen Tag oder länger anhält. Hierbei handelt es sich eventuell, aber nicht notwendigerweise, um ein Anzeichen für den Eisprung, so daß Sie sich auf jeden Fall weiterer Faktoren versichern sollten.

Die verstorbene Dr. Sophia Kleegman, Pionierin auf dem Gebiet der Geschlechtswahl, unterrichtete ihre Patientinnen stets von der Möglichkeit des Mittelschmerzes und behauptete, daß Frauen, die normalerweise keinen Mittelschmerz empfänden, es *lernen* könnten. Sie berichtete, daß für immerhin 35 Prozent ihrer Patientinnen mit Hilfe eines »Hopstests« der Mittelschmerz spürbar gemacht werden konnte. Dr. Kleegman wies ihre Patientinnen an, vom 9. Zyklustag an im Sitzen auf einer ungepolsterten, harten Sitzfläche (eines Stuhls oder einer Bank aus Holz oder Metall) auf und ab zu hopsen, indem sie sich 2- oder 3mal kurz hintereinander mit Schwung hinsetzten. Das sollte laut Dr. Kleegman helfen, den Mittelschmerz bei zahlreichen Frauen auszulösen oder so zu verstärken, daß er zum ersten Mal fühlbar wird.

Die Frauen wurden angewiesen, den Tag des Mittelschmerzes zu notieren, um festzustellen, ob der Schmerz im nächsten Zyklus in etwa zur selben Zeit auftrete. Dr. Kleegman war nicht der Ansicht, daß das Hopsen den Eisprung, sondern vielmehr nur den Mittelschmerz auslöst, der anzeigt, daß die Ovulation vor kurzem stattgefunden hat oder bald eintreten wird.

In früheren Büchern sprachen wir die Verwendung verschiedener »Fertility Test Kits« und eines sogenannten Tes-Tapes an. Eine Zeitlang waren einige nützliche »Fertility Kits« im Handel, die jedoch nicht mehr angeboten werden. Tes-Tapc ist immer noch ohne Verschreibungspflicht in Apotheken erhältlich und hilft bei der Bestimmung des Ovulationszeitpunkts, sollte allerdings nur in Verbindung mit anderen Methoden verwendet werden. Tes-Tape wurde ursprünglich entwickelt, um Diabetikern zu ermöglichen, Glucose (Zucker) im Urin festzustellen. Dabei handelt es sich um eine Rolle besonders behandelten gelben Papiers, das wie Klebeband in praktischen Abreißbehältern gekauft werden kann. Je nach der Menge an Glucose, die die Flüssigkeit aufweist, nimmt der gelbe Papierstreifen verschiedene Blau- und Grüntöne an. Vor vielen Jahren entdeckten Dr. Shettles und einige seiner Kollegen, daß auch die Zervikalsekrete glucosehaltig sind und ihr Glucosegehalt mit herannahender Ovulation in der Regel ansteigt.

Das brachte Dr. Shettles auf den Gedanken, daß Tes-Tape ein zusätzliches Hilfsmittel sein könnte, um die Zusammensetzung des Zervikalschleims hinsichtlich des Eisprungs zu bestimmen. Manche Frauen können auf diese Weise sehr genaue Angaben über ihren Eisprung machen, anderen gelingt das jedoch nicht. Insgesamt halten wir Tes-Tape für nicht sehr zuverlässig, da die richtige Anwendung schwierig ist.

Wenn Sie es dennoch verwenden möchten, reißen Sie ein etwa 8 Zentimeter langes Stück ab und wickeln es um den Zeigefinger (den Fingernagel werden Sie für die Prozedur opfern müssen). Benutzen Sie ein kleines, sauberes Gummiband, um den Papierstreifen zu befestigen, und führen Sie den Zeigefinger vorsichtig in die Vagina ein, bis er den Muttermund berührt. Versuchen Sie nach Möglichkeit, den Muttermund zu erreichen, ohne mit den stärker sauren Absonderungen der Vaginawand in Berührung zu kommen. (Das ist eine der Schwierigkeiten bei der Verwendung von Tes-Tape, da die sauren Sekrete das Ergebnis verfälschen.) Wie Dr. Shettles bemerkt, haben Sie den Muttermund berührt, wenn Sie auf etwas stoßen, das sich wie ihre Nasenspitze anfühlt.

Wenn Sie den Muttermund berühren (üben Sie einige Male, bevor Sie es mit dem Tes-Tape versuchen), halten Sie den Papierstreifen 10 oder 15 Sekunden lang ohne Druck dagegen. Ziehen Sie dann den Finger schnell zurück und prüfen die Farbe an der Stelle des Papiers, die den Muttermund berührt hat.

Beginnen Sie mit diesem Verfahren nach der Monatsblutung und wiederholen es täglich, bis Sie glauben, daß der Zeitpunkt des Eisprungs da oder bereits vorbei ist. Machen Sie die Tes-Tape-Probe unmittelbar *nach* dem Temperaturmessen (nicht vorher). Am Anfang des Zyklus verändert sich die Farbe des Papiers womöglich überhaupt nicht – tritt aber doch eine Veränderung ein, dann wird es sich sehr wahrscheinlich hellgrün färben. Je näher jedoch der Eisprung kommt, desto dunkler wird die Färbung des Tes-Tapes. Vergleichen Sie die Färbung mit der Farbskala auf der Packung. Zur Zeit der Ovulation sollte der Papierstreifen den dunkelsten Farbton der Skala annehmen (ein dunkles Blaugrün).

Vergessen Sie aber nicht, daß die chemische Zusammensetzung der Zervikalsekrete bei jeder Frau anders sein kann. Es ist immer möglich, daß sich das Tes-Tape ausgerechnet bei Ihnen irrt. Wir möchten daher erneut davor warnen, sich zur Bestimmung des Eisprungs ausschließlich auf dieses Mittel zu verlassen.

Abschließend empfehlen wir für die Ovulationsbestimmung vor allem die Zervikalschleimmethode. Die Basaltemperaturmethode halten wir nach wie vor für sehr nützlich, und sie sollte zusammen mit der Schleimmethode verwendet werden. Sollten Sie die Anwendung dieser Methode aus irgendeinem Grund als abstoßend empfinden (was allerdings selten der Fall ist), dann versuchen Sie es nur mit der Messung der Basaltemperatur. Wenn Sie bei dieser Methode sehr sorgfältig vorgehen, kann sie auch durchaus zuverlässige Ergebnisse zeigen. Achten Sie in diesem Fall auch auf den Mittelschmerz, sofern Sie ihn spüren. Wollen Sie wirklich sichergehen, sollte die zusätzliche Verwendung der Tes-Tape-Probe in Betracht gezogen werden.

Wie Sie einen Jungen zeugen

Bevor Sie versuchen, ein Kind mit dem Geschlecht Ihrer Wahl zu zeugen, ist es unverzichtbar, daß Sie das ganze Buch lesen und vor allem dem vorangegangenen Kapitel besondere Aufmerksamkeit schenken.

Wir beginnen mit der Methode zur Zeugung eines Jungen, weil dieses Verfahren etwas einfacher ist als die Mädchen-Methode. Wie Sie bereits wissen, ist die Wahrscheinlichkeit, einen Jungen zu zeugen, am größten, wenn der Geschlechtsverkehr so nahe wie möglich mit dem Eisprung zusammenfällt. Diese Tatsache wurde in zahlreichen Untersuchungen mit künstlicher *und* natürlicher Befruchtung nachgewiesen.

Wir behaupten keineswegs, *alle* Gründe zu kennen, aus denen es bei dieser Zeitplanung zu mehr Söhnen kommt, doch es ist eine anerkannte Tatsache, daß die für Jungen verantwortlichen Spermien kleiner sind und unter besonders geeigneten Umständen schneller schwimmen können als »weibliche« Spermien. Da die Sekretionen des Gebärmutterhalses zum Zeitpunkt des Eisprungs, oder kurz zuvor, die geeignetste Zusammensetzung haben, vertritt Dr. Shettles seit langem die Ansicht, daß sie die »männlichen« Samenzellen begünstigen, die dann dank ihrer größeren Geschwindigkeit zuerst das Ei erreichen.

Selbst wenn der Geschlechtsverkehr mehrere Stunden oder sogar 1 Tag vor Eintritt der Ovulation stattfindet, sind die Sekrete dem Eindringen der Y-Spermien dennoch in höchstem Maße förderlich, so daß viele der Jungen erzeugende Samenzellen in die Eileiter gelangen können, um dort auf die Eizelle zu warten. Unter ihnen werden zwar auch einige Mädchen erzeugende Spermien sein, doch werden die Y-Spermien zumindest mehrere Stunden lang im Befruchtungsbereich in der Überzahl sein. Wenn Sie sich einen Jungen wünschen, sollten Sie also den Zeugungsakt auf den Tag des Eisprungs legen.

Es ist einfacher, für einen Jungen direkt »ins Schwarze zu treffen«, als sich für ein Mädchen »zurückzuhalten«, was wir noch im nächsten Kapitel schildern werden. (Auch wer nur daran interessiert ist, einen Jungen zu zeugen, sollte das Kapitel über Mädchen lesen, in dem zu erfahren ist, was man *nicht* tun sollte.)

Alles dreht sich um den richtigen Zeitpunkt

Im vorangegangenen Kapitel haben Sie erfahren, wie Sie den Zeitpunkt der Ovulation bestimmen. Das ist das Erste und Wichtigste, das Sie befolgen müssen. Sehr wahrscheinlich werden Sie erst mehrere Zyklen abwarten, bevor Sie in der Bestimmung des Eisprungs sicher genug sind.

Haben Sie die Pille genommen, sollten Sie, nachdem Sie sie abgesetzt haben, *mindestens 6 Monate* warten, bevor Sie überhaupt versuchen, schwanger zu werden. In zahlreichen Untersuchungen ist erwiesen worden, daß Frauen, die schon wenige Monate nach Absetzen der Pille schwanger werden, weit öfter als andere Frauen Fehlgeburten oder andere Komplikationen in der Schwangerschaft erleiden. Außerdem dauert es nach Absetzen der Pille eine Zeitlang, ehe Ihr Zyklus wieder regelmäßig verläuft.

Haben Sie eine Spirale (oder Intrauterinpessar) benutzt, besteht diese Gefahr nicht, obwohl sowohl Dr. Shettles als auch andere empfehlen, nach Entfernen der Spirale einige Monate zu warten, bevor Sie einen Zeugungsversuch unternehmen, einfach um sicherzugehen, daß alles wieder »beim alten« ist.

Paare, die sich einen Jungen wünschen, sollten *keine* empfängnisverhütenden Schaumpräparate oder Gels verwenden, da deren hoher Säuregehalt vor allem die kleineren und weniger widerstandsfähigeren »männlichen« Spermien angreifen. Es konnte nachgewiesen werden, daß bei Versagen solcher empfängnisverhütender Mittel eine größere Zahl Mädchen gezeugt wird, als im Normalfall zu erwarten wäre.

Während der Übungszyklen sollten Sie zur Empfängnisverhütung Kondome verwenden. Sie haben keinen Einfluß auf den Säure- und Alkalihaushalt der weiblichen Fortpflanzungsorgane und ermöglichen es der Frau außerdem, den Zervikalschleim täglich zu prüfen, ohne ihn eventuell wie im vorangegangenen Kapitel erwähnt, mit Samenflüssigkeit zu verwechseln.

Wir empfehlen das Beobachten der Schleimentwicklung als vorrangiges und zuverlässigstes Mittel, um den Zeitpunkt der Ovulation festzustellen. Denken Sie daran, daß die Anzeichen für den »Höhepunkt« der Schleimbildung eher an 2 aufeinanderfolgenden Tagen auftreten als nur an einem. Das ist einer der Gründe, weshalb Sie sich mehreren Übungszyklen unterziehen sollten: Damit Sie nicht vorschnell handeln. Selbst wenn Sie eine ausgesprochen regelmäßige Entwicklung feststellen, sollten Sie 3 Zyklen abwarten, um mit größerer Sicherheit vorgehen zu können. Ist Ihr Zyklus jedoch unregelmäßig, ist zunächst ein eingehender Vergleich der jeweiligen Ergebnisse aus Zervikalschleim- und Basaltemperaturmethode erforderlich.

Wir raten, die Basaltemperaturmethode ergänzend zur Zervikalschleimmethode zu verwenden, da sie zusätzliche Ergebnisse bringt, die die Werte der anderen Methode (hoffentlich) bestätigen können. Ergibt sich ein Widerspruch zwischen beiden, sollten Sie sich eher an die Ergebnisse der Zervikalschleimmethode halten, es sei denn, die Deutung des Schleims bereitet Ihnen besondere Schwierigkeiten. Wenn Sie das Glück haben, einen deutlichen Mittelschmerz wahrzunehmen, können Sie diesen Hinweis zusätzlich nutzen, um den Zeitpunkt des Eisprungs so genau wie möglich zu bestimmen.

In früheren Büchern empfahlen wir, sich vorrangig auf die Basaltemperaturmethode zu verlassen, wozu Dr. Shettles bemerkte, daß die Ovulation bei der »Durchschnittsfrau« irgendwo zwischen dem kurzen Absinken und dem anhaltenden Anstieg der Temperatur läge. Stellte eine Frau bei der morgendlichen Messung fest, daß, wie sie aus früheren Zyklen wußte, für den nächsten Morgen mit einem abrupten Anstieg der Temperatur zu rechnen sei, riet Dr. Shettles, den Geschlechtsverkehr auf den Abend zu legen – also genau zwischen Tiefpunkt und Anstieg der Temperatur. War sich die Frau nicht sicher, ob es sich um den besagten Temperaturabfall handelte, empfahl Dr. Shettles, mit dem Zeugungsakt für einen Jungen bis zum nächsten Morgen zu warten (an dem der erwartete Anstieg eintreten müßte). Diese Ratschläge gelten nach wie vor.

Folgen Sie also ausschließlich der Basaltemperaturmethode, so sollte der Zeugungsakt für einen Jungen entweder am Tag des Temperaturabfalls stattfinden – falls Sie sich sicher sind, daß es der Abfall vor dem endgültigen Anstieg ist – oder am darauffolgenden Morgen, wenn es zu dem erwarteten Anstieg gekommen ist. In beiden Fällen findet der Geschlechtsverkehr innerhalb der 24 Stunden statt, die wir für den »Ovulationstag« halten. Ist sich die Frau sicher, daß ihre Morgenmessung den Temperaturabfall vor dem anhaltenden Anstieg anzeigt, wäre es am besten, wenn der Geschlechtsverkehr noch im Laufe des Tages erfolgte und nicht erst am nächsten Morgen.

Natürlich halten wir die ausschließliche Anwendung der Basaltemperaturmethode nicht für ausreichend. Mit der Zervikalschleimmethode können Sie den Zeitpunkt der Ovulation sehr viel exakter bestimmen.

Wir schlagen daher vor, jeden Morgen vor dem Aufstehen die Basaltemperatur zu messen und den ganzen Tag über nach jedem Urinieren den Zervikalschleim zu prüfen (auch wenn Sie nachts auf die Toilette müssen). Bald werden Sie bei den Ergebnissen aus beiden Methoden Gemeinsamkeiten feststellen, die Ihnen helfen, jederzeit über den Stand Ihres Zyklus Bescheid zu wissen.

So können Sie beispielsweise feststellen, daß Sie bei dem Tiefststand der Basaltemperatur kurz vor dem Eisprung stehen (wie Sie aus dem Schleim erkennen) und die Chancen für die Zeugung eines Jungen am größten sind, wenn Sie gleich an *diesem* Morgen Geschlechtsverkehr haben, anstatt bis zum nächsten Morgen zu warten. Andererseits wissen Sie aus der Beobachtung des Schleims eventuell, daß Ihnen nach Messen der Tiefsttemperatur noch reichlich Zeit bis zur Ovulation bleibt.

Die Chancen, einen Jungen zu zeugen, sind während der 12 Stunden vor dem Eisprung am größten. Aber auch wenn der Geschlechtsverkehr innerhalb 24 Stunden vor Ovulation stattfindet, ist die Wahrscheinlichkeit, einen Jungen zu zeugen, immer noch größer als für ein Mädchen.

Vielleicht haben Sie den Eindruck, sehr genau sagen zu können, wenn der Eisprung noch 24 Stunden entfernt ist, aber nicht mit Sicherheit ausmachen können, ob der Eisprung bereits erfolgt ist. Wenn Sie nur mit der Basaltemperaturmethode vorgehen und sich einen Jungen wünschen, sollte der späteste Zeitpunkt für den Zeugungsakt der Morgen sein, an dem Sie das Hochschnellen der Temperatur feststellen.

Die Zervikalschleimmethode gibt noch genauere Hinweise. Ist der Eisprung vorbei, werden die Sekrete plötzlich wieder dickflüssiger und weißlich. Wenn Sie im Abstand weniger Stunden den Schleim überprüft haben und plötzlich die genannte Veränderung entdecken, raten wir Ihnen, auf Geschlechtsverkehr zu *verzichten*.

Sollten Sie anhand der Tabellen mehrerer Zyklen zu dem Schluß kommen, daß die Symptome für den Höhepunkt der Schleimbildung meist 1½ Tage andauern, sollte der Zeugungsakt möglichst gegen Ende dieser 1½ Tage stattfinden, jedoch auf jeden Fall *vor* der erneuten Veränderung des Schleims. In jedem Fall bestehen dann erhöhte Chancen für die Zeugung eines Jungen, wenn der Geschlechtsverkehr zu einem beliebigen Zeitpunkt innerhalb der letzten 24 Stunden des Zeitraums, in dem Anzeichen für den Höhepunkt der Schleimbildung vorliegen, stattfindet.

Zwei hypothetische Fälle: Sally und Maria

Betrachten wir 2 Beispiele, die wir aus tatsächlichen Fällen zusammengestellt haben, um alle eventuell noch bestehenden Unklarheiten auszuräumen:

Sally: Sally hat ihre Zyklen seit 3 Monaten verfolgt und aufgezeichnet. Sie ist erfreut darüber, daß ihr Zyklus ausgesprochen regelmäßig ist. Alle 3 Zyklen dauerten 29 Tage. Sie ist sich jetzt sicher, daß sie den Zeitpunkt der Ovulation bestimmen kann, so daß sie und ihr Mann bereit sind, die Zeugung eines Jungen zu versuchen. Verfolgen wir die einzelnen Schritte.

Im 4. Zyklus, für den sie den eigentlichen Versuch der Geschlechtswahl planen, hört die Monatsblutung am 6. Tag auf. Am 7. Tag beginnt Sally, die Werte aus der Basaltemperatur- und Zervikalschleimmethode zu notieren. Ihre Temperaturkurve ist den 3 vorigen sehr ähnlich. Dasselbe gilt für die Schleimbildung, die am 10. Tag einsetzt. Der Schleim wird langsam immer dünnflüssiger und reichlicher, bis er am 15. Tag seinen Höhepunkt erreicht: Er ist sehr dünnflüssig, durchsichtig und extrem dehnbar. Er gleicht in Konsistenz und Aussehen rohem Eiweiß. Gleichzeitig, am 15. Zyklustag, stellt Sally fest, daß ihre Basaltemperatur, die seit einigen Tagen ganz allmählich abfiel, nun offenbar ihren charakteristischen Tiefstpunkt erreicht hat – der Temperaturabfall vor dem endgültigen Anstieg. Sie ist sicher, daß die Temperatur am nächsten Tag stark ansteigen wird – mindestens um einige Zehntelgrade. Genau das war in den vorangegangenen Zyklen jedes Mal geschehen.

Ob sie jetzt ihren Mann bittet, im Büro anzurufen und dem Chef ausrichten zu lassen, daß er an diesem Morgen später komme? Nein. Eine Frau mit einem anderen Zyklusverlauf würde das vielleicht tun, aber Sally weiß aus den Übungszyklen, daß die Anzeichen für den Höhepunkt der Schleimbildung sehr wahrscheinlich noch bis zum nächsten Morgen andauern werden. Sie wartet also ab, um dem eigentlichen Zeitpunkt des Eisprungs so nahe zu kommen wie möglich. Am nächsten Morgen stellt sie beim Messen der Temperatur fest, daß die Basaltemperatur tatsächlich beträchtlich gestiegen ist. Reichlich aufgeregt und auch ein wenig ängstlich prüft sie den Zervikalschleim. Erleichtert bemerkt sie, daß die Schleimbildung immer noch auf ihrem Höhepunkt ist. Ihre Erfahrung aus den letzten Zyklen sagt ihr aber auch, daß das nicht mehr lange anhalten wird.

Sally sagt ihrem Ehemann, daß der Eisprung da ist. *Jetzt* kann er im Büro anrufen. Der Versuch, einen Jungen zu zeugen, duldet keinen weiteren Aufschub.

Maria: Maria hat nicht so viel Glück wie Sally. Sie hat 4 Zyklen beobachtet und aufgezeichnet, von denen *alle* unterschiedlich lang waren und zwischen 27 und 32 Tage dauerten. Überdies kamen sie und ihr Mann zu dem Schluß, daß der jeweilige wahrscheinliche Ovulationstag in jedem Zyklus ein anderer war. Dennoch haben sie den Eindruck, als könnten sie *im nachhinein* den Ovulationstag in jedem Zyklus erkennen. Marias Kurven zeigen alle 2 Phasen, also den normalen Temperaturumschwung. Ihr Problem liegt darin, daß sie aufgrund des Umschwungs nicht den Zeitpunkt zukünftiger Zyklen vorhersagen kann, da der Temperaturwechsel ja jedes Mal zu einem anderen Zeitpunkt stattfand. Sie weiß zwar, was geschehen ist – aber erst, *nachdem* es geschehen ist.

Trotz allem möchten sie im 5. Zyklus versuchen, einen Jungen zu zeugen. Der Grund für ihren Optimismus ist die Tatsache, daß Marias Beobachtung der Schleimentwicklung stets im Einklang mit den Temperaturwechseln stand. Diese Übereinstimmung verleiht ihnen die Zuversicht, den Versuch zu wagen.

Im 5. Zyklus geschieht dann folgendes:
Marias Monatsblutung hört am 5. Tag auf. Es folgen 2 »trockene« Tage, ehe die Schleimbildung beginnt. Der Zer-

vikalschleim trat in jedem Zyklus an einem anderen Tag auf, aber blieb dann und wurde bis zum vermutlichen Tag des Eisprungs täglich dünnflüssiger. Marias Aufzeichnungen zufolge gab es in jedem Zyklus einen Tag, an dem die Schleimbildung im Vergleich zu den übrigen Tagen ihren Höhepunkt erreichte. Bei späterer Betrachtung der Temperaturkurven aus den Übungszyklen bemerkten Maria und ihr Mann, daß diese Höhepunkte mit den Tagen der tiefsten Temperatur zusammenfielen. Aufgrund dieser Beobachtung meinten beide, trotz der starken Unregelmäßigkeiten in Marias Zyklen einen Weg zur Bestimmung des Eisprungs gefunden zu haben.

Maria führt also auch im 5. Zyklus ihre Aufzeichnungen für beide Methoden, verfolgt aber die Schleimentwicklung besonders aufmerksam. Am Tag des Höhepunkts der Schleimbildung nimmt sie aufgrund ihrer Erfahrung aus den Übungszyklen an, daß die am Morgen gemessene Temperatur vermutlich den Tiefstpunkt bildet und die Basaltemperatur am nächsten Morgen abrupt angestiegen sein wird. Sie weiß auch, daß mit Ansteigen der Temperatur der Zervikalschleim bereits wieder dickflüssig und undurchsichtig wird. Daraus schließt sie, daß der Versuch, einen Jungen zu zeugen, an dem Tag stattfinden muß, an dem die Schleimbildung auf ihrem Höhepunkt ist. Sie weiß, daß sie nicht bis zum nächsten Morgen warten darf. Sie und ihr Mann haben an diesem Tag Geschlechtsverkehr, worüber sie gegen Abend froh ist, als sie eine plötzliche Veränderung ihrer Sekrete bemerkt, die jetzt wieder zähflüssig und weißlich sind. Am nächsten Morgen bestätigt sich, daß sie richtig vorgegangen ist, denn die Temperatur ist angestiegen.

Zusammenfassung der richtigen Zeitplanung

Fassen wir noch einmal zusammen, wie der richtige Zeitpunkt für die Zeugung eines Jungen festgestellt wird.

Nach der Basaltemperaturmethode liegt die geeignete Zeit zwischen dem Morgen, an dem Sie die Ihrer Meinung nach tiefste Temperatur des Zyklus messen, und dem Morgen, an dem Sie einen deutlichen Temperaturanstieg bemerken.

Grenzen Sie den richtigen Zeitpunkt noch genauer ein, indem Sie den Zervikalschleim prüfen.

Versuchen Sie die Zeugung eines Jungen nur an Tagen, an denen alle Anzeichen für einen Höhepunkt der Schleimentwicklung vorliegen. Dauern diese Symptome länger als 1 Tag an, erfolgt der Eisprung höchstwahrscheinlich am letzten Tag. Verlassen Sie sich auf jeden Fall auf ihren gesunden Menschenverstand.

Manche Frauen mit Hormonstörungen, die auch vorübergehender Natur sein können, verzeichnen an ungewöhnlichen Stellen des Zyklus durchsichtigen, scheinbar fruchtbaren Schleim. Wenn Ihnen irgend etwas ungewöhnlich erscheint, sollten Sie besonders wachsam sein und mit Hilfe von Basaltemperatur, Mittelschmerz usw. zusätzliche Informationen sammeln.

Die Wahrscheinlichkeit, einen Jungen zu zeugen, ist am größten, wenn der Geschlechtsverkehr möglichst nahe dem Zeitpunkt liegt, zu dem der Schleim wieder zähflüssig und weißlich wird. Der Eisprung erfolgt wahrscheinlich eher vor als während der Veränderung, so daß wir davon abraten, die Zeugung eines Jungen nach diesem Zeitpunkt zu versuchen. Es *kann* sein, daß die Chancen für einen Jungen bis zu 12 Stunden nach dem Eisprung gut stehen, vor allem, wenn Sie basische Spülungen anwenden (auf die wir in Kürze zu sprechen kommen); im Idealfall sollte der Geschlechtsverkehr jedoch vor dem Eisprung stattfinden. Ist die Veränderung des Zervikalschleims erst einmal eingetreten, wird es für die »männlichen« Samenzellen immer schwieriger, zuerst zur Eizelle vorzudringen. *Riskieren Sie nichts!*

Die Regeln der Enthaltsamkeit

Neben dem richtigen Zeitpunkt gibt es noch weitere Faktoren, die die Chancen für die Zeugung eines Sohnes erhöhen können. Früher empfahl Dr. Shettles, von Beginn des Zyklus bis zum Versuch der Geschlechtswahl Enthaltsamkeit zu üben. Der Grund dafür war, daß, wie bereits erwähnt, eine höhere Samenmenge mit einer größeren Zahl an männlichen Nachkommen in Verbindung gebracht wurde. Dr. Shettles überlegte, daß bei Enthaltsamkeit bis zum Zeugungstag gegen Zyklusmitte die Samenmenge des Mannes besonders hoch sein müßte.

Zahlreiche Paare haben beklagt, daß dieser Zeitraum der Enthaltsamkeit zu lang sei. Wir geben ihnen inzwischen recht, vor allem, weil eine so lange Enthaltsamkeit wieder von gegenteiliger Wirkung sein könnte. Nach einer Enthaltsamkeit von solcher Dauer kann es zu nächtlichen Samenergüssen kommen, unter Umständen gerade vor dem Zeugungsversuch. Das könnte dazu führen, daß die Samenmenge genau zum ungünstigsten Zeitpunkt verringert wird.

Dr. Shettles ist zu der Auffassung gekommen, daß Geschlechtsverkehr in der Anfangsphase des Zyklus nicht schaden kann, *solange ein Kondom benutzt wird*. Meinen Sie jedoch, daß der Eisprung nur noch 4–5 Tage entfernt ist, sollten Sie den Geschlechtsverkehr ganz einstellen, damit die Samenmenge sich wieder völlig regenerieren kann. Auch nach dem Zeugungsversuch am mutmaßlichen Tag der Ovulation sollten Sie wieder Kondome verwenden.

»Kühl bleiben« und andere gute Ratschläge

Manche hielten Dr. Shettles für einen Spinner, als er vor einigen Jahren damit begann, Männern, die sich Söhne wünschten, davon abzuraten, Jockey-Unterhosen, Suspensorien und andere enganliegende Kleidung zu tragen, da sie die Temperatur der Hoden derart erhöhen, daß sich die Samenmenge verringert. Bei manchen Männern, die derart engsitzende Wäsche trugen, stellte er fest, daß sie dadurch vorübergehend regelrecht unfruchtbar wurden. Hitze vernichtet beide Samentypen, tötet aber zuerst die kleineren, weniger geschützten »männlichen« Spermien. Daher empfiehlt Dr. Shettles allen Männern, die einen Sohn möchten, »kühl zu bleiben«.

Dr. Shettles hat eine beachtenswerte Untersuchung über die Zusammenhänge zwischen Hodentemperatur, Samenbildung und dem Geschlecht des Kindes angestellt. Er fand heraus, daß Hyperthermie (übermäßige Wärme) schon seit Hippokrates dafür bekannt ist, die Fortpflanzungsfähigkeit des Mannes zu beeinträchtigen. Verminderte Befruchtungsfähigkeit wurde mit einer Reihe verschiedener Ursachen in Verbindung gebracht, unter anderem mit zu engen Jockey-Unterhosen, isolierender Unterwäsche und übermäßiger Hitze am Arbeitsplatz. Zu häufige türkische Bäder und zu ausdauernde Schwitzbäder können ebenfalls zu verminderter Samenmenge führen.

Über das Verhältnis zwischen Wärme und Geschlecht ist wenig geforscht worden, aber die wenigen Erkenntnisse, die es gibt, bestätigen im wesentlichen Dr. Shettles' Behauptung, daß eine verringerte Samenmenge zur überwiegenden Zeugung von Mädchen führt. Taucher, die viel Zeit in enganliegenden, wärmedämmenden Gummianzügen verbringen, haben nachweislich mehr Töchter als Söhne.

Manche Männer bemerken womöglich gar nicht, daß die Hoden viel zu hohen Temperaturen ausgesetzt sind, da die Samenbildung schon bei geringem Temperaturanstieg beeinträchtigt wird. Zu dieser »Risikogruppe« gehören zum Beispiel Männer, die an Schmelz-, Hochöfen und anderen Hochtemperaturöfen arbeiten oder den ganzen Tag über in geheizten Fahrzeugen sitzen, wie Taxi- und Busfahrer. Wie Katherine Bouton in einem Artikel (»New Ligh on Male Infertility«, *This World,* 11. Juli 1982) berichtete, sind es Männer dieser Berufsgruppen, die immer häufiger wegen Unfruchtbarkeit einen Arzt aufsuchen. Zu ihnen gehören auch solche, die in Backstuben und Pizzerien arbeiten.

Dr. Shettles hat beobachtet, daß Männer, die in Plastikanzügen (die der Gewichtsabnahme dienen sollen) joggen, ihre Samenbildung ernsthaft gefährden. Ebenso können häufige Saunabesuche die Samenmenge vermindern. Glücklicherweise nimmt die Samenbildung nach Ausschalten der Wärmefaktoren wieder langsam zu. Männer, die aufgrund solcher Samenverminderung unfruchtbar geworden sind, können ihre Fruchtbarkeit innerhalb weniger Monate wiedererlangen, indem sie alle Wärmequellen vermeiden, die das Problem verursacht haben. Manche Spezialisten für Fruchtbarkeitsprobleme empfehlen, die Hoden mit Eis in kaltem Wasser zu kühlen, um so den Aufbau der Samenmenge zu beschleunigen. Dieser Empfehlung schließt sich Dr. Shettles nicht an (es sei denn, Ihr Arzt rät Ihnen zu dieser Behandlung und betreut Sie dabei), rät jedoch, alles zu vermeiden, was zu einer übermäßigen Erwärmung des Hodenbereichs führen kann.

Eine Frau, die sich einen Sohn wünschte, schrieb uns, sie habe die enganliegenden Jockey-Unterhosen ihres Mannes einfach versteckt. Eine gute Idee. Tragen Sie lieber Boxer-Shorts.

Denken Sie daran, daß außer Hitze auch jede andere Form von Belastung und Streß zu einer verminderten Samenbildung führen kann. Dazu gehören auch langwierige Krankheiten, sogar ein Anfall von Grippe. Auch der Kontakt mit giftigen Chemikalien kann die Samenbildung hemmen – wie bei dem Faktor Wärme haben einschlägige Studien erwiesen, daß Männer, die solchen Chemikalien ausgesetzt sind, überwiegend Mädchen zeugen. Die gleiche Wirkung wird durch radioaktive Strahlung und Medikamente, sowohl rezeptpflichtige als auch nicht rezeptpflichtige, erreicht. Vor kurzem fand man heraus, daß die Einnahme von Marihuana über einen längeren Zeitraum zur Verminderung männlicher Geschlechtshormone führt und die Samenmenge verringert.

Andererseits gibt es eine einigermaßen harmlose »Droge«, die Ihnen sogar helfen kann, einen Jungen zu zeugen: Kaffee. Es bleibt natürlich völlig Ihnen überlassen, dieses Mittel anzuwenden, aber 2 Tassen stark koffeinhaltigen Kaffees 15–30 Minuten vor dem Zeugungsversuch für einen Jungen können die »männlichen« Spermien zusätzlich beschleunigen. Eine Reihe von Wissenschaftlern hat nachgewiesen, daß Koffein auf Spermien stimulierend wirkt. Es verleiht zwar beiden Samentypen zusätzlichen Schwung, aber Dr. Shettles' Beobachtungen zufolge ist die Beschleunigung bei den »männlichen« Spermien größer. Es nützt jedoch nichts, wenn die Frau Kaffee trinkt – der Mann muß das Koffein aufnehmen. Außerdem raten wir von ständigem starken Kaffeegenuß ab, der von entgegengesetzter Wirkung sein kann – und die Samenmenge vermindert.

Der Alkalifaktor (Soda und Orgasmus)

Die chemischen Eigenschaften des Milieus in den weiblichen Fortpflanzungsorganen spielen bei der Geschlechtswahl eine entscheidende Rolle. Bei der Mehrheit der Frauen kommt es im Verlauf des Zyklus zu chemischen Veränderungen, bei denen das Milieu, je näher die Ovulation rückt, immer stärker basisch und damit empfänglicher für Spermien wird. Bei manchen Frauen jedoch kommt es fast nur zu sauren Sekretionen, so daß eine Empfängnis sehr erschwert wird, ganz besonders die eines Jungen. Frauen, die ständig an »übersäuertem« Magen oder Magengeschwüren leiden, sind sich des übermäßigen Säuregehalts in ihrem Körper wohl nur allzu bewußt.

Es läßt sich allerdings auch anhand des Zervikalschleims feststellen, wie es um das Milieu in den Fortpflanzungsorganen bestellt ist. Ist der Schleim immer zähflüssig, weißlich, wenig dehnbar und eher spärlich, wird das Milieu nur schwerlich die Empfängnis eines Jungen zulassen. Ist der Säuregehalt besonders stark ausgeprägt, wird ein Arzt eingreifen müssen, um wieder ausgewogene chemische Verhältnisse herzustellen.

Doch selbst Frauen mit normalen Sekreten können den »männlichen« Spermien ihren Weg erleichtern, indem sie vor jedem Versuch der Zeugung eines Jungen mit Hilfe von Sodaspülungen den Alkaligehalt erhöhen. Solche Spülungen werden schon seit Jahrzehnten angewandt, ohne je schädliche Nebenwirkungen hervorgerufen zu haben. Selbst Elizabeth Whelan, die behauptet, ein der Shettles-Methode widersprechendes Verfahren entwickelt zu haben (siehe oben), meint zu den Spülungen: »Es gibt genügend Indizienbeweise, um einen Versuch zu empfehlen. In beiden Fällen (für Mädchen wird eine andere Spülung empfohlen) sind schwachkonzentrierte Spülungen harmlos.«

Früher riet Dr. Shettles zur Anwendung einer Speisesoda-(Natriumkarbonat-)Spülung, die aus 2 gestrichenen Eßlöffeln Soda auf 1 Liter lauwarmes Wasser bestehen sollte. Einige Frauen haben uns geschrieben, daß diese Menge, wie es in einem Fall formuliert wurde, »eher ein Bad als eine Spülung« gebe. Es genügt also auch ½ Liter Wasser, der dann mit nur

1 Eßlöffel Soda versetzt wird. Lassen Sie die Lösung nach dem Mischen noch 10 – 15 Minuten lang stehen, damit sich das Soda völlig auflösen kann. Schütteln Sie die Lösung noch einmal, bevor Sie sie kurz vor dem Geschlechtsverkehr anwenden. Dr. Shettles rät, hierbei lieber eine Wärmflasche oder Vergleichbares als etwa eine Klistierspritze zu verwenden. Lassen Sie die Flüssigkeit am besten nur mit Hilfe der Schwerkraft in die Vagina fließen, ohne zusätzlichen Druck auszuüben.

Um den Alkaligehalt der Zervikalsekrete noch weiter zu erhöhen und den »männlichen« Samenzellen das Eindringen noch mehr zu erleichtern, sollte die Frau bei dem Versuch, einen Jungen zu zeugen, nach Möglichkeit zum Orgasmus kommen, und zwar entweder gleichzeitig mit dem Mann oder kurz zuvor. Der Orgasmus der Frau verstärkt Menge und Fluß der natürlichen basischen Sekrete, die kurz vor der Ovulation auftreten. Zudem tragen die beim Orgasmus der Frau einsetzenden Muskelkontraktionen dazu bei, die Spermien zum Gebärmutterhals zu befördern, wo die Sekrete in der Regel noch günstiger für »männliche« Samenzellen sind. Gehen dem Höhepunkt des Mannes sogar mehrere Orgasmen der Frau voraus, erhöht das natürlich die Wirkung – übertreiben Sie es aber nicht. Der Orgasmus der Frau ist zwar hilfreich, ist jedoch für die Zeugung eines Jungen keineswegs ausschlaggebend.

Stellung und Eindringen des Penis

2 weitere Faktoren können sich begünstigend auf die Empfängnis eines Jungen einwirken. Wenn der Mann seinen Orgasmus erreicht, sollte der Penis möglichst *tief* in die Vagina eindringen. Auf diese Weise werden die Spermien gleich nahe an den Gebärmutterhals herangebracht, wo die Sekrete für die »männlichen« Samenzellen günstiger sind.

Außerdem empfiehlt Dr. Shettles dem Mann, bei dem Versuch, einen Jungen zu zeugen, von hinten in die Vagina einzudringen. So überraschend es auch klingen mag, führt diese Stellung dazu, daß die Spermien unmittelbar in der Nähe des Muttermunds plaziert werden, und nicht in den beiden anliegenden Räumen.

Eine Frau, die nach 2 Töchtern erfolgreich unsere Methode anwandte und einen Sohn bekam, schrieb uns folgendes zu dem Verfahren als solchem: »Zwei Wochen Enthaltsamkeit zu üben und dann mit dem Blick auf die Uhr darauf zu warten, daß das Soda sich auflöst, während Männe krampfhaft schwarzen Kaffee schluckt, ist schon eine harte Geduldsprobe! Aber wir haben uns ständig gesagt: Von nichts kommt nichts! Die Mühe wird sich schon auszahlen.«

Die meisten Paare sind der Ansicht, daß die Methode nur wenig Unannehmlichkeiten mit sich bringt. Manche schrieben sogar, daß ihr Sexualleben so zusätzlichen Reiz erhalte. Außerdem haben wir die Anweisungen etwas gelockert und jene Empfehlung abgeändert, die einigen Paaren am schwersten fiel – die Empfehlung, während der ganzen 1. Zyklushälfte Enthaltsamkeit zu üben. Wie bereits erwähnt, reicht es aus, den Geschlechtsverkehr 4 oder 5 Tage vor dem Eisprung einzustellen.

Die Checkliste

Bevor Sie den eigentlichen Versuch unternehmen, einen Jungen zu zeugen, sollten Sie sichergehen, daß Sie mit folgenden Punkten vertraut sind:

- Bestimmung des Eisprungs mit Hilfe der Zervikalschleimmethode, der Basaltemperaturkurven usw.;
- richtiger Zeitpunkt des Zeugungsakts hinsichtlich des Eisprungs;
- Enthaltsamkeit und die geeignete Verhütungsmethode;
- Bedeutung der Samenmenge und die sie beeinflussenden Faktoren;
- Mittel der Beeinflussung des Säure-/Alkaligehalts im weiblichen Fortpflanzungstrakt;
- Wirkung des Orgasmus der Frau;
- Stellung beim Geschlechtsakt und Tiefe des Eindringens.

Sollten Sie sich *nicht* sicher sein, daß Sie alle Einzelheiten der Methode verstanden haben, werden Sie nicht ungeduldig. Gehen Sie noch einmal die vorangegangenen Kapitel durch, bis Sie sich wirklich genügend auf den Versuch vorbereitet haben.

(Womöglich finden Sie die Antworten auf manche Fragen auch in den folgenden Kapiteln.)

Wir glauben, daß 80 – 85 Prozent der Paare, die den Zeitpunkt der Ovulation korrekt bestimmen und unsere Anweisungen für die Zeugung eines Jungen peinlich genau befolgen, Erfolg haben werden.

Sonderfälle (Geschlechtswahlberatung)

Manche Paare kommen aus diesem oder jenem Grunde zu dem Schluß, daß sie bei der Geschlechtswahl zusätzliche Hilfe und Beratung benötigen. Einige Männer sind sich beispielsweise sicher, daß sie nur einen Spermientypus bilden, weil es in ihren Familien seit Generationen überwiegend Kinder eines Geschlechts gegeben hat. Anderen bereitet die Empfängnis an sich Schwierigkeiten, so daß sie sowohl das Problem der Unfruchtbarkeit meistern als auch gleichzeitig ein Kind eines bestimmten Geschlechts zeugen möchten. Wieder andere haben vergeblich versucht, den Ovulationszeitpunkt zu bestimmen, und brauchen dabei dringend Hilfe. Manche schließlich sind auf der Suche nach einer unfehlbaren Methode oder möchten in eine Fachklinik für Geschlechtswahl überwiesen werden.

Im Folgenden finden Sie einige von Dr. Shettles' Antworten auf solche Anfragen und Hilferufe. Zunächst einmal gibt es nur Fachkliniken für künstliche Befruchtung, die sich auch mit Geschlechtswahl befassen. Falls Sie Fruchtbarkeitsprobleme haben, sollten Sie sich von Ihrem Haus- oder Frauenarzt in eine entsprechende Spezialklinik überweisen lassen. Auch wenn Sie nach gewissenhaftem Befolgen aller in diesem Buch beschriebenen Methoden immer noch Schwierigkeiten mit der Bestimmung des Eisprungs haben, fragen Sie am besten Ihren Frauenarzt um Rat. Zwar interessieren sich immer mehr Ärzte für Geschlechtswahl, aber viele lehnen sie immer noch ab – seien Sie also nicht überrascht, wenn Ihr Arzt nicht allzu begeistert von Ihrem Anliegen ist.

Es gibt nur sehr wenige Männer, die wirklich nur einen Spermientypus bilden. Selbst bei Familien, in denen seit Generationen ein bestimmtes Geschlecht vorherrscht, ist es durchaus möglich, ein Kind des anderen Geschlechts zu zeugen, wenn unsere Anweisungen genau befolgt werden. Nur wenige Ärzte auf der Welt wären bereit oder in der Lage, Ihre Spermien (etwa mit Hilfe von fluoreszierenden Färbemitteln) daraufhin zu untersuchen, ob Sie tatsächlich beide Samenarten bilden. Darüber hinaus wäre eine solche Analyse äußerst kostspielig. Aber eine immer größere Zahl von Fachärzten ist bereit und in der Lage, Spermien zu untersuchen und deren Anzahl und Beweglichkeit zu überprüfen – Faktoren, die ganz allgemein bei Fruchtbarkeit eine Rolle spielen.

Natürlich führt Dr. Shettles selbst viele solcher Untersuchungen und Beratungen durch, die allerdings nur in seiner Praxis möglich sind. Häufig bittet er neue Patienten, ihre Tabellen und Kurven (über mehrere Zyklen) mitzubringen, so daß er sie gleich bei der 1. Untersuchung prüfen kann. Mitunter geht es nur darum, die Aufzeichnungen richtig zu deuten. In den meisten Fällen liegt die Schwierigkeit jedoch in unregelmäßigen Zyklen. Bei einer solchen Untersuchung prüft Dr. Shettles in der Regel den Zervikalschleim und stellt fest, ob er überhaupt »fruchtbare« Eigenschaften entwickeln kann. Stellt sich heraus, daß der Schleim »unfruchtbar« ist, können verschiedene Medikamente verschrieben werden, die den Zyklus regelmäßiger werden lassen und die Beschaffenheit des Schleims verbessern. Auf diese Weise läßt sich leichter der Ovulationszeitpunkt bestimmen und eher eine Empfängnis herbeiführen. Außerdem können Blutuntersuchungen vorgenommen werden, um etwa noch andere Hormonstörungen festzustellen.

Möchten Ehepaare ihre Chancen für einen Sohn noch erhöhen, führt Dr. Shettles künstliche Befruchtungen durch (mit den Spermien des Ehemannes). Dabei bedient sich Dr. Shettles eines abgewandelten Verfahrens der künstlichen Befruchtung, das seiner Erfahrung nach eine Erfolgsquote von 90 Prozent hat. Es sei jedoch darauf hingewiesen, daß nicht alle Frauen beim 1. Versuch, und auch nicht immer beim 2. und 3. Versuch der künstlichen Befruchtung schwanger werden.*

---

* Weitere Einzelheiten hierzu im Nachwort: Geschlechtswahl in naher und ferner Zukunft.

Wie Sie ein Mädchen zeugen

Vielleicht ist Ihnen bereits aufgefallen, daß dieses Kapitel viel kürzer als das vorangegangene, die Zeugung von Jungen betreffende Kapitel ist. Und vielleicht schließen Sie daraus, daß es leichter ist, ein Mädchen zu zeugen. Das Gegenteil ist der Fall. Um ein Mädchen zu bekommen, bedarf es in vielen Fällen eines größeren Maßes an Geduld und Mühe.

Das Kapitel über Jungen ist deshalb länger, weil wir noch einmal näher auf die Bestimmung der Ovulationszeit und bestimmte entsprechende Verfahren eingegangen sind. Wenn Sie sich ein Mädchen wünschen, ist es von grundlegender Bedeutung, daß Sie das gesamte Buch *einschließlich* des Kapitels zur Zeugung von Jungen lesen, bevor Sie einen Zeugungsversuch unternehmen. Das »Jungen-Kapitel« gewährt nicht nur genaueren Einblick in das Zeitverhältnis von Geschlechtsverkehr und Ovulation, sondern weist Sie auch darauf hin, was Sie *unterlassen* müssen, wenn Sie ein Mädchen möchten.

Das Verfahren zur Zeugung eines Mädchens ist etwas verzwickter als die Jungen-Methode, da, wie bereits erläutert, der Geschlechtsverkehr 2–3 Tage vor dem Eisprung eingestellt werden muß. Das bedeutet, daß Sie die Vorhersage des Ovulationszeitpunkts sehr gut beherrschen müssen. Aus diesem Grund ist die Erfolgsrate für Mädchen etwas niedriger, aber die Abweichung von der für Jungen bleibt dennoch gering.

Der richtige Zeitpunkt für ein Mädchen

Kommen wir nun zur Zeitplanung für die Zeugung eines Mädchens.

Sie wissen bereits, daß Geschlechtsverkehr zu dem Zeitpunkt, am dem das Ei in einen der Eileiter gelangt oder auf dem Weg dorthin ist (also zum Zeitpunkt des Eisprungs oder kurz davor), die kleineren, schnelleren »männlichen« Spermien begünstigt. Daher empfiehlt Dr. Shettles den Paaren, die sich ein Mädchen wünschen, 4, 3 oder 2 Tage *vor* dem berechneten

Ovulationstag Geschlechtsverkehr zu haben. Wird die Eizelle dann schließlich freigesetzt, kann man davon ausgehen, daß nur noch die widerstandsfähigeren und langlebigeren »weiblichen« Samenzellen auf das Ei »warten« und es befruchten können.

Es geht darum, den Geschlechtsverkehr einerseits möglichst weit vor der Ovulation stattfinden zu lassen, andererseits aber auch nicht so früh, daß zum Zeitpunkt des Eisprungs gar keine Empfängnis mehr möglich ist. Wer besonders sichergehen möchte, sollte an der äußersten Grenze beginnen, also 4 Tage vor dem Eisprung. Im Normalfall rät Dr. Shettles jedoch, am 3. Tag vor der Ovulation anzufangen, da bei 4 Tagen die Chancen für eine Empfängnis sehr gering sind. Tritt bei Geschlechtsverkehr 3 Tage vor dem Eisprung keine Schwangerschaft ein, können Sie es als nächsten Schritt 2½ Tage vorher und schließlich 2 Tage vorher versuchen. Findet der Geschlechtsverkehr später als 2 Tage vor der Ovulation statt, ist die Wahrscheinlichkeit, einen Jungen zu zeugen, bereits recht groß.

Wie bei der Zeugung eines Jungen ist auch hier der 1. Schritt die Berechnung des wahrscheinlichen Ovulationszeitpunkts. Wie das geschieht, wird im Kapitel »Wie der Ovulationszeitpunkt bestimmt wird« beschrieben. Einige zusätzliche Hinweise finden Sie im Kapitel »Wie Sie einen Jungen zeugen«.

Wenn Sie ein Mädchen zeugen möchten, sollten Sie einigen Punkten besonderes Augenmerk schenken. Während der Übungszyklen ist es unumgänglich, in irgendeiner Form Empfängnisverhütung zu betreiben. Aus den im vorigen Kapitel bezeichneten Gründen scheidet die Pille aus, ebenso wie Intrauterinpessare (Spiralen). Obwohl wir früher empfängnisverhütende Mittel in Form von Schaum oder Gels (in Verbindung mit Diaphragmen) empfahlen, raten wir heute von deren Gebrauch ab.

Es trifft zu, daß bei Schwangerschaften infolge einer mißglückten Empfängnisverhütung mit Hilfe von empfängnisverhütendem Schaum oder ähnlichen Mitteln mehr Mädchen als Jungen geboren werden. Dr. Shettles sieht die Ursache dafür darin, daß diese chemischen Produkte stark säurehaltig sind und im allgemeinen zuerst die »männlichen« Samenzellen abtöten. Die Anwendung solcher empfängnisverhütenden Mittel verändert jedoch die Beschaffenheit des Zervikalschleims (und damit dessen Deutung) und läßt den gelegentlichen Gebrauch von Teststreifen nutzlos werden.

Vielleicht denken Sie nun: »Na und? Wenn die Empfängnisverhütung mit Schaum versagt, bekomme ich wahrscheinlich sowieso ein Mädchen.« Diese Überlegung wäre jedoch falsch, denn zum einen würde die Anwendung solcher Substanzen die Wahrscheinlichkeit, überhaupt ein Kind zu bekommen, sehr vermindern, und zum anderen kann es im Falle einer Schwangerschaft dennoch zu einem Jungen kommen.

Die beste Methode der Empfängnisverhütung während der Übungszyklen ist das Kondom. Auf diese Weise bleibt die Vagina frei von Samenflüssigkeit, die eventuell mit Zervikalschleim verwechselt werden und so zu falschen Ergebnissen führen könnte. Benutzen Sie also Kondome, und bringen Sie möglichst viele Übungszyklen hinter sich, bis Sie den Ovulationszeitpunkt ganz sicher vorhersagen können. Erst dann und keinen Zyklus eher sollten Sie Ihren 1. Versuch wagen.

Konzentrieren Sie sich zuerst darauf, sich die Zervikalschleimmethode zur Bestimmung des Eisprungs anzueignen. Führen Sie sorgfältig Tabellen, und machen Sie sich gewissenhaft Notizen. Selbst wenn Ihnen die Bestimmung des exakten Ovulationszeitpunkts nicht besonders glücken sollte, so haben Sie doch sehr gute Aussichten, die verschiedenen Abstufungen in der Beschaffenheit des Schleims unterscheiden zu lernen. Vermeiden Sie den Geschlechtsverkehr insbesondere an dem Tag, an dem die Schleimsymptome ihren Höhepunkt erreichen, also am vermutlichen Ovulationstag.

Wenn Ihr Zyklus einigermaßen regelmäßig ist, werden Sie den Tag des Höhepunkts vorhersagen können. Der Geschlechtsverkehr sollte dann spätestens 2 Tage vor diesem vermuteten Tag stattfinden. Ist es allerdings über mehrere Monate hinweg nicht zu einer Schwangerschaft gekommen, können Sie es eventuell wagen, den Zeitpunkt des Zeugungsversuchs ein wenig zum fruchtbaren Höhepunkt hin zu verlegen. Insbesondere, wenn der Höhepunkt der Schleimsymptome 2 Tage andauert, könnten Sie sich eventuell überlegen, ob Sie den Geschlechtsverkehr 1 Tag vor dem *ersten* dieser beiden Tage stattfinden lassen. Gehen Sie behutsam und mit Geduld vor, und verlassen Sie sich auf Ihren gesunden Menschenverstand.

Eignen Sie sich auch die Basaltemperaturmethode zur Bestimmung des Ovulationszeitpunkts an, und verwenden Sie sie neben der Zervikalschleimmethode. Orientieren Sie sich hauptsächlich an den Symptomen des Zervikalschleims, es sei denn, deren Deutung bereitet Ihnen einmal Schwierigkeiten, während der Verlauf der Basaltemperaturkurve eindeutig ist. In einem solchen Fall ziehen Sie es vielleicht vor, sich auf die Basaltemperatur zu verlassen. In der Mehrzahl der Fälle ergänzen sich beide Methoden jedoch.

Bei Anwendung der Basaltemperaturmethode ist folgendes sehr wichtig: Sie sollten von dem tiefsten Punkt der Temperatur vor dem anhaltenden Anstieg als dem wahrscheinlichen Ovulationszeitpunkt ausgehen. Es ist zwar möglich, daß er in Wirklichkeit später liegt, aber gehen Sie am Anfang ruhig übertrieben vorsichtig vor. Der letzte Geschlechtsverkehr sollte daher 3 Tage vor diesem Zeitpunkt stattfinden. Wurde der genannte Tiefpunkt der Basaltemperatur für gewöhnlich am 14. Zyklustag beobachtet, sollte der letzte Geschlechtsverkehr für den 11. Zyklustag geplant werden. Ist es mit dieser zeitlichen Planung dann nach 2 oder 3 Zyklen noch nicht zur Empfängnis gekommen, kann der letzte Geschlechtsverkehr ebentuell auch auf den 12. Tag verlegt werden.

2 Formeln für unregelmäßige Zyklen

Wenn Sie besonders unregelmäßige Zyklen haben und sich hauptsächlich der Basaltemperaturmethode bedienen, können Sie mit Hilfe zweier Formeln den Tag bestimmen, an dem der Geschlechtsverkehr eingestellt werden sollte. Erläutern wir diese Formeln an 2 Einzelfällen:

Fall 1: Linda schreibt uns folgendes:

Meine Periode ist immer sehr unregelmäßig, und der Eisprung findet nie vor dem 19. Zyklustag statt. Das Temperaturmessen vor dem Aufstehen bereitet mir keinerlei Schwierigkeiten. Am Tag des Eisprungs springt die Temperatur immer ungefähr von 36,4 Grad Celsius auf etwa 37 Grad. Allerdings tritt der Eisprung mal am 19. Tag und mal am 25. Tag ein. Die Dauer meiner Zyklen schwankt zwischen 28 und 45 Tagen. Gibt es irgend etwas, das ich tun kann, oder bin ich ein hoffnungsloser Fall? Ich habe überlegt, 5 oder 6 Monate lang am 17. Zyklustag Geschlechtsverkehr zu haben (einschließlich Spülungen usw.), um dann nacheinander auf den 18., 19. Tag und so fort überzugehen, bis ich schließlich ein Mädchen bekomme. Ich habe eigentlich keinen Grund zur Eile. Wenn ich wüßte, daß ich eine Tochter bekommen könnte, würde ich mich 4 oder 5 Jahre lang gedulden.

Dr. Shettles schlug Linda vor, mit Hilfe von 2 Formeln festzustellen, welches in ihrem Fall der *früheste* Tag wäre, an dem der Geschlechtsverkehr eingestellt werden müßte.

Die 1. Formel besteht darin, von dem frühesten Ovulationstag aus 4–6 Zyklen (wenn Sie Zeit haben und Ihre Zyklen besonders unregelmäßig sind, sollten Sie nach Möglichkeit noch mehr Zyklen zugrunde legen) 3 Tage abzuziehen. Aufgrund dieser Formel ginge Linda vom 19. Tag 3 Tage zurück und käme auf den 16. Zyklustag.

Bei der 2. Formel sind von der Anzahl der Tage des kürzesten Zyklus 14 Tage abzuziehen (da es oft, wenn auch nicht immer, 14 Tage sind, die zwischen Ovulation und Beginn der nächsten Menstruation vergehen). Anhand dieser Rechnung erhalten Sie den frühesten wahrscheinlichen Tag des Eisprungs in *jedem* Zyklus. Gehen Sie dann 3 Tage zurück, um auf den Tag zu kommen, der für die Zeugung eines Mädchens am günstigsten ist. Linda zöge also von 28 Tagen (ihrem kürzesten Zyklus) 14 ab und erhielte die Zahl 14. 14 Tage minus 3 ergäbe 11 Tage. Aus dieser Rechnung entnimmt Linda, daß sie bei ihren ersten vorsichtigen Versuchen, ein Mädchen zu zeugen, bis zum 11. Zyklustag einschließlich Geschlechtsverkehr haben sollte, aber keinen Tag später.

Linda wird zwar nur selten einen Zyklus von 28 Tagen haben. Aber da sie das bei derart starken Unregelmäßigkeiten nie im voraus wissen kann und unbedingt ein Mädchen möchte, empfiehlt ihr Dr. Shettles (zumal sie sich viel Zeit nehmen will), in jedem Fall mit dem 11. Tag als letztmöglichem Termin für Geschlechtsverkehr zu beginnen. Sie und ihr Mann können bis zum 11. Tag einschließlich ohne Kondom häufigen Geschlechtsverkehr ausüben. Am 11. Tag muß dann der letzte Geschlechtsverkehr bis zur »sicheren« Zyklusphase stattfinden. Angesichts der Unregelmäßigkeit von Lindas Zyklen sollten sie aber auch dann noch Kondome verwenden.

Linda sollte auf keinen Fall *von vornherein* den 17. Tag zum Ausgangspunkt nehmen. Ist es nach 3- oder 4monatigem Geschlechtsverkehr am 11. Zyklustag noch nicht zu einer Schwangerschaft gekommen, kann sie auf den 12. Zyklustag übergehen, wieder einige Monate abwarten, dann ganz nach dem von ihr gewünschten Rhythmus auf den 13., 14., 15. Tag usw. übergehen.

Bei den wenigsten Frauen jedoch wird es zu derart unregelmäßigen Zyklen kommen, so daß ihnen solche Mühsal erspart bleiben wird. (Denken Sie außerdem daran, daß der Zervikalschleim Ihnen wertvolle Zusatzinformation geben und eventuelle Unklarheiten ausräumen kann. Bei außergewöhnlich unregelmäßigen Zyklen kann allerdings auch der Verlauf der Schleimbildung Rätsel aufgeben.) Wir glauben dennoch, daß auch Frauen wie Linda erfolgreich das Geschlecht ihres Kindes vorausbestimmen können – wenn sie nur genug Geduld aufbringen und sich langsam an ihr Ziel heranarbeiten.

Fall 2: Marys Zyklen sind weit weniger unregelmäßig als die Lindas. Nach 6monatigem Aufzeichnen ihrer Basaltemperatur (aus diesen oder jenen Gründen wollte sie die Zervikalschleimmethode nicht anwenden) ist sie davon überzeugt, daß ihr Ovulationstag sich immer zwischen dem 11. und 15. Tag bewegt, was immer noch eine relativ lange Zeitspanne bedeutet. Der kürzeste Zyklus, den sie beobachtet hat, dauerte 26

Tage. Der früheste Eisprung fand am 11. Zyklustag statt. Wenden wir auf diese Information die zwei oben erläuterten Formeln an und warten ab, welche den frühesten Termin für den letzten Geschlechtsverkehr ergibt.

Mary zieht von 26 14 ab und erhält 12. Dann geht sie nochmals 3 Tage zurück und kommt schließlich auf 9. Mit dieser Formel errechnete Linda ihren frühesten Tag für den Abbruch des Geschlechtsverkehrs. Was aber ergibt die andere Formel? Mary zieht 3 Tage von ihrem frühesten Ovulationstermin, dem 11. Zyklustag, ab und kommt so auf den 8. Tag. Die 2. Formel ergibt also einen früheren Termin für den letzten Geschlechtsverkehr, von dem Mary am Anfang ausgehen sollte. Führt dieser Zeitplan nicht zum Erfolg, kann Mary den jeweils letzten Geschlechtsverkehr langsam später legen, indem sie etwa den Abend des 8. Tages statt des Morgens dafür wählt. Bleibt der Erfolg auch dann aus, kann sie auf den Morgen des 9. Zyklustages übergehen usw.

Das Wichtigste über die richtige Zeitplanung, Enthaltsamkeit und Verhütung

Fassen wir noch einmal das Wichtigste zusammen.

Verwenden Sie zur Verhütung während der Übungszyklen Kondome. In den Zyklen, in den Sie die eigentlichen Versuche unternehmen, ein Mädchen zu zeugen, können Sie auf Kondome verzichten und sollten vom Ende der Monatsblutung an bis zum letztmöglichen Tag (4, 3, 2 Tage vor dem erwarteten Eisprung) nach Möglichkeit täglich Geschlechtsverkehr ausüben. Nach diesem letzten Tag sollten Sie bis einige Tage nach dem Eisprung jeglichen Geschlechtsverkehr (auch mit Kondom) einstellen. Es ist nicht auszuschließen, daß Geschlechtsverkehr während der Ovulationsphase auch mit Kondom zusätzliche weibliche Sekrete fördern kann, die die »männlichen« Spermien begünstigen könnten. Um ganz sicher zu gehen, sollten Sie auch bei Wiederaufnahme des Geschlechtsverkehrs 2 oder 3 Tage nach dem Eisprung Kondome verwenden. Warum sollte zwischen Ende der Menstruation und dem letztmöglichen Termin möglichst oft Geschlechtsverkehr stattfinden? Dr. Shettles rät dazu, weil dadurch die Samenmenge auf natürlichem Wege vermindert wird, was nach seinen Erkenntnissen die Aussichten für die Zeugung eines Mädchens vergrößern kann. Versuchen Sie *keinesfalls*, eine Verringerung der Samenmenge auf künstlichem Wege herbeizuführen. Sie könnten die Fähigkeit zur Samenbildung gefährden. (Die im vorigen Kapitel beschriebenen Faktoren, die eine Verminderung der Samenmenge zur Folge haben, also übermäßige Wärme, Strahlungen und anderes mehr, führen oft zur Unfruchtbarkeit des Mannes.)

Spülungen

Für den Versuch, ein Mädchen zu zeugen, sollten Sie statt einer basischen eine saure Spülung anwenden. Die Spülungen sind zwar nicht unbedingt erforderlich, aber Dr. Shettles ist weiterhin der Ansicht, daß sie die Erfolgschancen verbessern.

Für die Zeugung eines Mädchens empfiehlt er eine Vaginalspülung aus 1 Eßlöffel Essigessenz (es sollte nur destillierte Essigessenz verwendet werden) auf ½ Liter lauwarmes Wasser. Verwenden Sie für die Spülung eine Wärmflasche oder Vergleichbares, und lassen Sie die Lösung nur mittels Schwerkraft in die Vagina fließen. Benutzen Sie zu diesem Zweck keine Saugapparate oder ähnliches.

Wenn der letzte Geschlechtsverkehr 4 beziehungsweise 3½ Tage vor der Ovulation stattfindet, sind Spülungen normalerweise überflüssig. Ihre eigenen Sekrete sind zu diesem Zeitpunkt wahrscheinlich noch sauer genug. (Aufschluß darüber gibt die Beschaffenheit des Zervikalschleims. Solange er noch eher zähflüssig und weißlich ist, überwiegt meist noch der Säuregehalt.) Findet der Zeugungsversuch jedoch 2 oder 2½ Tage vor dem Eisprung statt, kann sich eine Spülung als nützlich erweisen. Wenden Sie sie kurz vor dem Geschlechtsverkehr an.

Stellung beim Geschlechtsverkehr, Eindringen des Penis und Orgasmus

Für die Zeugung eines Mädchens empfiehlt Dr. Shettles die »Normalstellung«, bei der die Partner einander zugewandt sind. Der Mann sollte sich dabei über der Frau befinden, da bei dieser Stellung die Wahrscheinlichkeit am geringsten ist, daß die Spermien unmittelbar in der Nähe des Muttermundes entladen werden, wo die Sekrete am stärksten basisch und damit für »männliche« Spermien am günstigsten sind. Im Moment des Orgasmus sollte der Mann möglichst wenig tief eindringen, denn auf diese Weise müssen die Samenzellen noch den Vaginakanal durchqueren, dessen Sekretionen überwiegend sauer sind, was die Chancen der »weiblichen« Samenzellen indirekt erhöht.

Außerdem kann es hilfreich sein, wenn die Frau bei dem Versuch, ein Mädchen zu zeugen, einen Orgasmus vermeidet. Der Orgasmus der Frau erhöht die Ausscheidung basischer Sekretionen und unterstützt so die »männlichen« Spermien. Zudem befördern die beim Orgasmus der Frau eintretenden Muskelkontraktionen die Spermien die Vagina hinauf und in den Gebärmutterhals hinein, was sich ebenfalls förderlich für die »männlichen« Samenzellen auswirkt.

Die Mehrheit der Paare findet es nicht schwierig, diese Empfehlungen zu befolgen, doch mitunter erreichen uns auch kleine Beschwerden. Eine Frau dankte uns in einer Zuschrift, daß sie nach erfolgreicher Anwendung der Methode ein Mädchen zur Welt gebracht hatte, klagte aber gleichzeitig: »Nach den Essigspülungen riecht man wie Salat.« Eine andere Frau schrieb uns: »Kein Orgasmus – einfach grausam! Und zum Teufel mit dem Essig!«

Im Rahmen unserer heutigen Empfehlungen benötigen Sie in den Zyklen, in denen Sie versuchen, ein Mädchen zu zeugen, nur 1 oder 2 Spülungen – mit ½ Liter anstatt des früher empfohlen ganzen Liters. Es liegt bei Ihnen, ob Sie auf den Orgasmus verzichten wollen. Sie sollten ihn nur dann vermeiden, wenn der Geschlechtsverkehr am 4., 3. und/oder 2. Tag vor dem errechneten Ovulationstag stattfindet. Dr. Shettles ist jedoch nach wie vor der Ansicht, daß ein Verzicht der Frau auf den Orgasmus förderlich für die Zeugung eines Mädchens ist.

Die Checkliste

Bevor Sie den eigentlichen Zeugungsversuch unternehmen, sollten Sie sichergehen, daß Sie alles über folgende Punkte wissen:

- Bestimmung des Zeitpunkts der Ovulation (mit Hilfe von Zervikalschleim, Basaltemperatur usw.);
- richtiger Zeitpunkt des Geschlechtsverkehrs hinsichtlich des Zeitpunkts der Ovulation;
- Regeln über Enthaltsamkeit und den Gebrauch von Kondomen;
- Samenmenge und Häufigkeit des Geschlechtsverkehrs vor dem »letztmöglichen« Termin;
- Anwendung von Spülungen;
- Stellung beim Geschlechtsverkehr und Eindringen des Penis;
- Vermeiden des Orgasmus bei der Frau.

Gibt es noch irgendwelche Unklarheiten, lesen Sie dieses und die 2 vorangegangenen Kapitel noch einmal. Einige Ihrer Fragen werden womöglich auch noch im nächsten Kapitel beantwortet.

Wir glauben, daß zwischen 75 und 80 Prozent aller Paare mit dieser Methode erfolgreich sein und ein Mädchen bekommen werden, wenn sie den Zeitpunkt der Ovulation korrekt bestimmen und unsere Anweisungen genau befolgen.

Sonderfälle
(Geschlechtswahlberatung)

Lesen Sie hierzu bitte den entsprechenden Abschnitt im vorigen Kapitel (unter der gleichen Überschrift). Dr. Shettles berät und behandelt sowohl in seiner Praxis als auch in der Klinik Paare, die bei der Geschlechtswahl auf besondere Probleme stoßen. Die meisten Paare werden in der Lage sein, ohne besondere Hilfestellung den Empfehlungen dieses Buches zu folgen.

Fragen und Antworten

Aus den vielen tausend Fragen, die uns im Laufe der Jahre erreicht haben, haben wir eine Auswahl zusammengestellt. Viele der Fragen haben wir bereits in diesem Buch beantwortet. Es lohnt sich dennoch, manches davon zu wiederholen.

Wir haben 3 Jungen und wünschen uns nichts sehnlicher als ein Mädchen als 4. und letztes Kind. Wir haben in der Zeitung von Ihrer Methode gelesen. Können Sie uns garantieren, daß wir auf diese Weise ein Mädchen bekommen?
Nein. In jedem unserer Bücher zu diesem Thema können Sie nachlesen, daß diese Methode nicht »unfehlbar« ist. Es gibt *keine* Methode der Geschlechtswahl vor der Empfängnis, die unfehlbar wäre. Sie sollten lieber auf ein 4. Kind verzichten, wenn Sie sich nicht ganz sicher sind, daß Sie es unabhängig von seinem Geschlecht wirklich wollen und auch lieben werden. Im übrigen möchten wir Ihnen davon abraten, überhaupt eine Methode der Geschlechtswahl auszuprobieren, die Sie nur aus einem Zeitungsbericht kennen.

In der Familie meines Mannes sind seit Generationen fast nur Mädchen zur Welt gekommen. Wir selbst haben bereits auch 2 Töchter und hätten natürlich gern einen Sohn. Wir möchten es allerdings nicht ein weiteres Mal versuchen, ohne eine Sper-

142

*mienanalyse vornehmen zu lassen. Von unserem Arzt können
wir in dieser Sache keine Unterstützung erwarten.*

Die Art der Spermienanalyse, die Sie meinen, ist praktisch un-
durchführbar. Es gibt nur wenige Wissenschaftler auf der
Welt, die eine solche Analyse mit Hilfe von fluoreszierenden
Farbstoffen und ähnlichen Hilfsmitteln durchführen können.
Es kommt allerdings äußerst selten vor, daß ein Mann nur
Spermien eines Typus bildet. Wir wissen von verschiedenen
Personen, deren familiärer Hintergrund dem Ihres Mannes
ganz ähnlich war und denen Dr. Shettles' Anweisungen – die
Sie in diesem Buch finden – dann doch zu einem Kind des ge-
wünschten Geschlechts verholfen haben.

*Wir verstehen einfach nicht, was wir falsch gemacht haben. Wir
haben Ihre Anweisungen für die Zeugung eines Jungen aufs genaueste befolgt: Spülungen, Kaffee, mehrfacher Orgasmus der
Frau usw. Das einzige, was vielleicht nicht ganz stimmte, war
der Zeitpunkt, aber wir waren uns sicher, daß es dennoch klap-
pen werde, solange wir alles andere befolgten. Meine Zyklus-
aufzeichnungen liegen bei. Können Sie uns erklären, weshalb
unser Versuch mißglückt ist?*

Aus Ihren Aufzeichnungen ist klar zu erkennen, daß der entscheidende Geschlechtsverkehr zu früh stattgefunden hat.
Viele schreiben uns wie Sie, daß sie eigentlich alles richtig gemacht hätten, geben allerdings zu, es mit dem Zeitpunkt der
Zeugung nicht so genau genommen zu haben. Wir haben immer wieder betont, daß der richtige Zeitpunkt des Geschlechtsverkehrs nicht nur ein Element von vielen ist, die be-
achtet werden müssen, sondern *das* Element, auf das es vor
allen anderen ankommt. Sie können alles andere weglassen
und dennoch Erfolg haben, wenn nur der Zeitfaktor stimmt.
Stimmt er aber nicht, stehen die Chancen schlecht – unabhängig davon, wie genau die anderen Empfehlungen befolgt werden.

*Wir versuchen, ein Mädchen zu zeugen. Da Sie bei der »Mäd-
chen-Methode« zu häufigem Geschlechtsverkehr bis 2 Tage vor*

dem Eisprung raten, heißt das, daß man sehr oft Spülungen anwenden muß, also vor jedem Geschlechtsverkehr. Ist das wirklich jedes Mal nötig?

Unserer Ansicht nach sind Spülungen zwar von Vorteil, aber es bleibt völlig Ihnen überlassen, ob Sie sie anwenden wollen. Auf jeden Fall sind Spülungen dann überflüssig, wenn der Eisprung noch weit entfernt ist. Wenn Sie sich ein Mädchen wünschen, genügt es, wenn Sie 2 beziehungsweise 3 Tage vor der Ovulation Spülungen anwenden. Wenn Sie also einmal täglich Geschlechtsverkehr haben, reichen 2 Spülungen pro Zyklus aus. Ist der Zervikalschleim am 2. und 3. Tag vor dem errechneten Eisprung noch dickflüssig und weißlich (und nicht durchsichtig und dünnflüssig wie zum Zeitpunkt der Ovulation), können Sie für die Zeugung eines Mädchens auch ganz auf Spülungen verzichten.

Wir haben von einer Methode der Geschlechtswahl gehört, die auf einer bestimmten Ernährungsweise beruht. Was halten Sie davon?

Wir halten diese Methode für ebenso interessant wie problematisch. Bedauerlicherweise können die vorgeschlagenen Diäten zu Gesundheitsgefährdungen führen, so daß wir solche Methoden nicht einmal als zusätzliche Maßnahme zu der Shettles-Methode empfehlen können. Wir hoffen, daß diese Methode in den kommenden Jahren noch so weit verbessert werden kann, daß sie nicht mehr mit Gesundheitsrisiken verbunden sein wird. Einzelheiten zu dieser Methode können in dem Kapitel »Gibt es auch andere Methoden? Stehen sie im Widerspruch zur Shettles-Methode?« nachgelesen werden.

Wir haben gehört, daß sich Ihre Methode ausschließlich auf Erkenntnisse aus der künstlichen Befruchtung stützt, die womöglich gar nicht für die natürliche Befruchtung gelten. Stimmt das?

Nein. Erkenntnisse über künstliche Befruchtung liegen der Shettles-Methode nur insoweit zugrunde, als daß es bei künstlich gezeugten Babys, bei denen sehr genau darauf geachtet wird, daß der Zeitpunkt der Befruchtung dem der Ovulation möglichst nahe kommt, zu weitaus mehr Jungen als Mädchen kommt. Es trifft in gewissem Maße auch zu, daß die Shettles-Methode die Bedingungen einer künstlichen Befruchtung nachahmt. Die Erfolgsquote der Shettles-Methode bezieht sich jedoch auf Empfängnisse durch normalen Geschlechtsverkehr.

Ich würde gern von Ihnen erfahren, warum Sie die Billings-Methode zur Zyklusbeobachtung nicht stärker hervorheben. Ich benutze diese Methode bereits seit Jahren zur Empfängnisverhütung und finde, daß sie weitaus zuverlässiger als die Temperaturmethode ist. Die Temperatur kann von jeder Kleinigkeit beeinflußt werden. Mit der Billings-Methode dagegen erkenne ich deutlich die fruchtbaren Tage und vor allem den Tag des Eisprungs. Warum informieren Sie nicht ausführlicher über diese ausgezeichnete Methode?
Genau das haben wir im vorliegenden Buch getan. In der Vergangenheit haben wir für die Aufzeichnung von Zyklen hauptsächlich auf die Basaltemperaturmethode verwiesen. Heute sind wir ganz wie Sie der Ansicht, daß die Zervikalschleimmethode (auch bekannt als Ovulations- oder Billings-Methode) die wirksamere ist. Im Kapitel »Wie Sie einen Jungen zeugen« finden Sie darüber weitere Einzelheiten.

Kann der Eisprung an unterschiedlichen Tagen des Monats eintreten?
Ja. Bei manchen Frauen findet der Eisprung sehr regelmäßig statt, bei anderen nicht. Selbst Frauen mit einigermaßen regelmäßigem Zyklus stellen fest, daß ihr Eisprung an unterschiedlichen, wenn auch dicht beieinander liegenden, Zyklustagen eintritt. Berechnen Sie den Tag Ihres Eisprungs *niemals* anhand des Kalenders, sondern immer mit Hilfe der Zervikalschleim- oder Basaltemperaturmethode und anderer Symptome der Ovulation. Einzelheiten dazu können Sie in den Kapiteln »Ganz oben auf der Tagesordnung«, »Wie Sie einen Jungen zeugen« und »Wie Sie ein Mädchen zeugen« nachlesen.

Gibt es eine Möglichkeit, den Zeitpunkt des Eisprungs mit absoluter Sicherheit festzustellen? Eine Freundin hat mir von einem neuartigen Test erzählt, und da mein Zyklus sehr unregelmäßig ist, wüßte ich gern mehr darüber.
Es gibt verschiedene Testmethoden, die derzeit in der Entwicklung sind, von denen aber keine momentan erhältlich ist und für längere Zeit auch noch nicht erhältlich sein wird. Gegenwärtig gibt es im Handel keine zuverlässigen Fruchtbarkeits-Tests (»Fertility-Kits«). Sie sollten daher sehr vorsichtig und skeptisch sein, wenn Test-Sets angeboten werden, die Anspruch auf sichere Ergebnisse erheben. Die Zervikalschleim- und Basaltemperaturmethode sind nach wie vor die verläßlichsten Methoden zur Bestimmung der Ovulationszeit und werden es voraussichtlich auch in den nächsten Jahren bleiben.

Empfehlen Sie immer noch Teststreifen?
Ja, aber nur in Verbindung mit der Zervikalschleim- und Basaltemperaturmethode zur Beobachtung des Zyklus. Außerdem können Teststreifen für den Versuch der Zeugung eines Mädchens nicht verwendet werden, da die Samenflüssigkeit zu falschen Ergebnissen führt. Sie können sie jedoch während der Übungszyklen verwenden, wenn Kondome benutzt werden. Lesen Sie hierzu die Kapitel »Wie Sie einen Jungen zeugen« und »Wie Sie ein Mädchen zeugen«.

Haben alle Frauen ihren Eisprung am 14. Zyklustag?
Nein, das ist nur ein Durchschnittswert. Frauen mit ausgesprochen regelmäßigen 28-Tage-Zyklen haben in vielen Fällen ihren Eisprung am 14. Tag. Bei anderen Frauen liegt er jedoch an einem anderen Tag. Richten Sie sich zur Bestimmung Ihrer eigenen Ovulationszeit nicht nach Durchschnittswerten.

Stimmt es, daß die meisten Frauen ihren Eisprung 14 Tage vor Ende des Zyklus haben?
An dieser Behauptung mag eher etwas Wahres sein als an der Vorstellung, daß der Eisprung immer 14 Tage nach Beginn des Zyklus stattfindet. Bei Analyse sehr vieler Zyklustabellen und

-kurven stellt man fest, daß bei einer großen Zahl Frauen der Eisprung tatsächlich 14 Tage vor Ende des Zyklus eintritt. Aber auch dies ist nichts weiter als eine Verallgemeinerung, während Sie dagegen für Ihre persönliche Planung der Geschlechtswahl Ihre ganz speziellen Werte benötigen.

Wir wünschen uns ein Mädchen. Wir wissen, daß wir 3 Tage vor der Ovulation den Geschlechtsverkehr einstellen müssen. Wann können wir ihn wieder aufnehmen?
Genaugenommen können Sie bis 2 Tage vor dem Eisprung Geschlechtsverkehr ausüben. Wir empfehlen, mit der Wiederaufnahme bis 3 oder 4 Tage nach dem Eisprung zu warten. Selbst wenn Sie für die Dauer der empfohlenen Enthaltsamkeit Kondome benutzten, bestünde die Möglichkeit, daß eine sexuelle Betätigung in diesem Zeitraum den Vorgang der Empfängnis stören könnte. Zudem könnte ein eventueller Orgasmus der Frau die basischen Sekretionen erhöhen, was die »männlichen« Samenzellen begünstigen könnte. Also: Wenn Sie möchten, können Sie nach der Monatsblutung bis 2 oder 3 Tage vor dem Eisprung täglich Geschlechtsverkehr ausüben. Warten Sie dann mit der Wiederaufnahme bis 3 oder 4 Tage nach dem Eisprung. Wenn Sie ganz sichergehen möchten, raten wir Ihnen, auch dann noch Kondome zu verwenden.

Wir möchten ganz sichergehen, daß wir dieses Mal ein Mädchen zeugen. Wir haben erfahren, daß wir mit Spermientrennung die Garantie haben, das gewünschte Geschlecht zu bekommen. Wo können wir eine solche Spermientrennung vornehmen lassen?
Es gibt Verfahren zur Sammlung von »männlichen«, aber nicht von »weiblichen« Spermien. Selbst die Methode der Konzentration von »männlichen« Samenzellen kann keinen Erfolg garantieren. Diese Methode erfordert künstliche Befruchtung und kann keine höheren Erfolgsquoten aufweisen als die, die Dr. Shettles und andere, die seine Methode angewendet haben, angeben. Weitere Einzelheiten über Methoden, die auf der Grundlage der künstlichen Befruchtung und Samentrennung arbeiten, finden Sie in den Kapiteln »Gibt es

andere Methoden? Stehen sie im Widerspruch zur Shettles-Methode?« und »Nachwort: Geschlechtswahl in der nahen und fernen Zukunft«.

Vielleicht halten Sie uns für Spinner, aber wir haben eine Methode der Geschlechtswahl gefunden, die erfolgreich zu sein scheint. Wir haben 4 Kinder. Die Jungen wurden im Winter gezeugt, die Mädchen im Sommer. Beim ersten Jungen und ersten Mädchen war es reiner Zufall, bei den anderen Absicht. Sind wir Spinner?

Nein, aber Glückspilze. Das heißt, *wahrscheinlich* hatten Sie Glück. Einigen Studien zufolge werden im Winter tatsächlich mehr Jungen (vielleicht weil dann die Samenmenge größer ist) und im Sommer mehr Mädchen gezeugt. Dieses Beweismaterial ist allerdings nicht ganz stichhaltig. Mehr über verschiedene wissenschaftliche und nichtwissenschaftliche Mutmaßungen über klimatische und ähnliche Einflüsse in den Kapiteln »Am Anfang ging Probieren über Studieren«, »Ist die Shettles-Methode wissenschaftlich gesichert?« und »Gibt es auch andere Methoden? Stehen sie im Widerspruch zur Shettles-Methode?«.

Was geschieht, wenn der Geschlechtsverkehr kurz nach dem Eisprung stattfindet?

Dr. Shettles ist der Meinung, daß bei Geschlechtsverkehr innerhalb von 12 Stunden nach dem Eisprung die Wahrscheinlichkeit, einen Jungen zu zeugen, größer ist als die, ein Mädchen zu zeugen. Dennoch empfehlen wir für die Zeugung eines Jungen, einige Stunden vor dem Eisprung Geschlechtsverkehr auszuüben. Wenn Sie die Zervikalschleimmethode anwenden, sollten Sie den Geschlechtsverkehr einstellen, sobald die Symptome für den Höhepunkt der Fruchtbarkeit nachlassen und der Schleim plötzlich wieder dickflüssig und trübe wird. Genauere Hinweise hierzu lesen Sie in den Kapiteln »Ganz oben auf der Tagesordnung: . . .«, »Wie Sie einen Jungen zeugen« und »Wie Sie ein Mädchen zeugen«.

*Ich habe gelesen, daß Frauen, die LSD nehmen oder genom-
men haben, viel eher Mädchen als Jungen zur Welt bringen.
Kann das stimmen?*
Wir wissen es nicht. Es gibt eine Untersuchung, die das bestätigt hat, aber keine Nachfolgestudie, die diese Behauptung unterstützt oder widerlegt hätte. Wir wissen jedoch, daß *Männer*,
die bestimmte Drogen nehmen, mehr Mädchen als Jungen
zeugen. Jede Art körperlicher oder seelischer Belastung (die
sich dann wiederum in körperliche Belastung auswirkt) kann
die Samenmenge des Mannes vermindern, wobei mehr »weibliche« als »männliche« Samenzellen erhalten bleiben.

Können Männer durch Marihuana unfruchtbar werden?
Der Mißbrauch einer ganzen Anzahl von Drogen, einschließlich Alkohol, kann zumindest vorübergehend zu Unfruchtbarkeit führen. Marihuana verursacht nachweislich eine Verminderung der männlichen Geschlechtshormone und damit auch
der Samenmenge, was die »weiblichen« Samenzellen begünstigen oder sogar Unfruchtbarkeit zur Folge haben kann. In
den meisten Fällen kann die Fruchtbarkeit wiederhergestellt
werden, wenn man sich mehrere Monate der Drogen enthält.

*Hat das Alter der Eltern einen Einfluß auf das Geschlecht des
Kindes?*
Da die Samenmenge mit zunehmendem Alter abnimmt, ist es
möglich, daß ältere Männer eher Töchter als Söhne zeugen.
Auch die Sekretionen der Frau werden im Laufe der Jahre
spärlicher und stärker basisch, so daß auch diese Faktoren
dazu beitragen können, daß Eltern vorgerückten Alters mehr
Mädchen zeugen. Bei einer Untersuchung wurde gezeigt, daß
bei den Kindern von Frauen im Alter von etwa 15, 20, 30 und
40 Jahren auf 100 Mädchen jeweils 130, 120, 112 und 91 Jungen
kamen. Wir sind dennoch der Meinung, daß auch ältere Paare
mit Hilfe der in diesem Buch beschriebenen Methode bei der
Wahl des Geschlechts ihres Kindes noch sehr gute Erfolgschancen haben.

Wir haben 3 Töchter und würden für den Fall, daß wir wieder ein Mädchen bekommen, eine Abtreibung vornehmen lassen. Welche Tests zur Geschlechtsbestimmung gibt es?

Wir sind, wie die Mehrheit der Ärzte, entschiedene Gegner der Abtreibung als Mittel der Geschlechtswahl nach einer Empfängnis. Es gibt einen Test namens Amniocentese, mit dem das Geschlecht des Kindes festgestellt werden kann. Dieser Test kann jedoch erst in einem fortgeschrittenen Schwangerschaftsstadium durchgeführt werden, wenn die mit einer Abtreibung verbundenen Risiken bereits sehr groß sind. Einige Ethiker, die sich mit Problemen der Biologie auseinandersetzen, haben kürzlich darauf hingewiesen, daß eine Abtreibung wegen des »falschen« Geschlechts des Kindes eine sehr schädliche psychologische Wirkung auf die übrigen Kinder der Familie haben kann, insbesondere, wenn sie vom selben »unerwünschten« Geschlecht sind.

Als Mann muß ich Ihrer Behauptung widersprechen, daß der Mann allein für das Geschlecht des Kindes verantwortlich sei. Er liefert zwar die »männlichen« und »weiblichen« Samenzellen, aber ist es nicht so, daß auch die Frau, je nach den augenblicklichen physiologischen Bedingungen, den einen oder anderen Samentypus begünstigt?

Es ist richtig, daß die Frau in dieser Beziehung gleichermaßen für das Geschlecht des Kindes verantwortlich ist. Frauen mit überwiegend stark säurehaltigen Sekretionen benachteiligen ständig die »männlichen« Samenzellen ihres Mannes und tragen so ihrerseits zur »Wahl« des Geschlechts ihres Kindes bei. Die Frau kann bei der Beeinflussung des Geschlechts aber auch auf andere Weise eine wichtige Rolle spielen.

Eine Mutter von 3 Töchtern, die sich einen Sohn wünschte, schrieb uns, ihr sei gesagt worden, der beste Zeitpunkt für eine Empfängnis sei 5 Tage nach Ende der Monatsblutung. Jedes Mal, wenn sie schwanger werden wollte, sorgte diese Frau dafür, daß sie an diesem Tag Geschlechtsverkehr hatte – und bekam jedes Mal ein Mädchen. Die Ursache ist leicht zu erraten:

Der angebliche fruchtbare Tag lag weit vor ihrem eigentlichen Eisprung. Diese Fehlinformation trug zur »Wahl« von Mädchen bei.

In einem anderen Fall, in dem ebenfalls widrige Umstände mitspielten, war es der Mann, der für die Zeugung mehrerer Mädchen verantwortlich war. Der Mann war Fernfahrer mit einem festen Zeitplan und kam nur an ganz bestimmten Tagen und immer nur für kurze Zeit nach Hause. Es stellte sich heraus, daß er aufgrund seines Terminplans mit seiner Frau nie später als an ihrem 12. Zyklustag Geschlechtsverkehr hatte. Der Eisprung der Frau fand am 14. Tag statt. Das Ehepaar hat 3 Töchter.

Wie lange leben Samen- und Eizellen?
Spermien leben selten länger als 4 Tage, die meisten leben nur 3 Tage. Früher war man der Ansicht, daß eine unbefruchtete Eizelle ungefähr 12 Stunden leben kann. Heute glaubt man, daß sie mindestens 24 Stunden leben kann, in manchen Fällen sogar länger. Dr. Shettles' Meinung ist jedoch, daß eine Befruchtung später als 12 Stunden nach dem Eisprung nicht sehr wahrscheinlich ist.

Wann sollten die Spülungen angewendet werden?
Wenige Minuten vor dem Geschlechtsverkehr. Genauere Hinweise finden Sie in den Kapiteln »Wie Sie einen Jungen zeugen« und »Wie Sie ein Mädchen zeugen«.

Sie sagen, daß es 2 Tage vor dem Eisprung wahrscheinlicher ist, ein Mädchen zu zeugen. Wie ist es mit 1 Tag vorher?
Vielleicht wird der Sachverhalt deutlicher, wenn man ihn in Stunden ausdrückt. Die Aussichten für einen Jungen steigen, wenn der entscheidende Geschlechtsverkehr innerhalb der 24 Stunden stattfindet, die dem Eisprung vorangehen. Natürlich stehen die Chancen für einen Jungen 12 Stunden vor dem Eisprung noch besser als 24 Stunden vorher. 24 Stunden bis 96 Stunden vor der Ovulation ist die Wahrscheinlichkeit größer, daß Sie ein Mädchen zeugen.

Können Sie uns sagen, wie lange es dauern kann, schwanger zu werden, wenn wir nie später als 2 oder 3 Tage vor dem Eisprung Geschlechtsverkehr haben? (Wir möchten ein Mädchen.)
Es kann tatsächlich länger dauern, bis man ein Mädchen bekommt als einen Jungen. Dr. Shettles berichtete von einer Gruppe von 22 Paaren, die sich Töchter wünschten und bis zu 6 Monate benötigten, bis der Geschlechtsverkehr 2 oder 3 Tage vor dem Eisprung zu einer Empfängnis führte. Von den 22 gezeugten Kindern waren 19 Mädchen. (Die Erfolgsquote in diesem Versuch war höher als sonst, was zum Teil daran liegen mag, daß die Paare bei der Bestimmung des Eisprungs unter ärztlicher Betreuung standen.)

Ich würde gern Dr. Shettles' Methode der Geschlechtswahl anwenden, aber als Katholik frage ich mich, ob sie nicht der Kirchenlehre zuwiderläuft?
Die katholische Kirche hat nichts gegen die Methode einzuwenden. Genaueres dazu lesen Sie im Kapitel »Darf Geschlechtswahl in jedem Fall angewandt werden?«

Ich nehme zur Zeit die Pille. Wie lange sollte ich warten, bevor ich versuche, die Geschlechtswahlmethode für mein nächstes Kind anzuwenden?
Die meisten Ärzte empfehlen eine Wartezeit von 3 – 6 Monaten. Dr. Shettles rät, 6 Monate zu warten. Ihr Monatszyklus muß sich erst wieder einpendeln, ehe Sie versuchen können, erneut schwanger zu werden. Untersuchungen haben gezeigt, daß Frauen, die kurz nach Absetzen der Pille schwanger werden, häufig Fehlgeburten oder andere Komplikationen während der Schwangerschaft erleiden.

Ich habe eine Gebärmutterverlagerung. Sollte ich bei der Geschlechtswahl anders vorgehen als andere Frauen?
Wir wissen von einer Reihe von Frauen mit dem gleichen Problem. Frauen mit einer geneigten Gebärmutter sollten tatsächlich etwas anders vorgehen als andere. Früher wurde die Rückwärtsneigung der Gebärmutter zur Wirbelsäule statt zum Ma-

gen hin (medizinisch Retroversion genannt) häufig durch einen chirurgischen Eingriff behoben. Der Arzt öffnete die Beckenhöhle und verkürzte die Bänder, die die Gebärmutter halten, und brachte den Uterus so in eine normalere Lage. Heute werden solche Operationen nur noch selten durchgeführt, da eine geneigte Gebärmutter klinisch gesehen gering bis nicht auffällig ist. Die meisten Frauen bemerken überhaupt nicht, daß sie eine Gebärmutterneigung haben. Sollte Ihr Arzt Ihnen gesagt haben, daß Ihre Gebärmutter geneigt ist (was allerdings selten der Fall ist), können Sie die gegebenen Anweisungen für die Geschlechtswahl folgendermaßen abändern: Für die Zeugung eines Mädchen ist keine Abwandlung der Empfehlungen erforderlich. Wenn Sie sich einen Jungen wünschen, befolgen Sie die Methode in der beschriebenen Weise, drehen Sie sich aber nach vollzogenem Geschlechtsverkehr auf den Bauch, und legen Sie sich ein Kissen unter den oberen Hüftbereich. Bleiben Sie in dieser Stellung etwa 15 Minuten lang liegen. Auf diese Weise gelangt die Samenflüssigkeit unmittelbar zum Muttermund, anstatt in den danebenliegenden Hohlraum zu fließen.

Meine Frau will gelesen haben, daß die Art der Unterhose, die ein Mann trägt, Einfluß auf seine Zeugungsfähigkeit haben kann. Wäre sie nicht Krankenschwester, würde ich sagen, sie spinnt. Ist etwas Wahres daran und wenn, hat es auch etwas mit dem Geschlecht der gezeugten Kinder zu tun?

Ihre Frau hat recht. Dr. John Rock, der an der Entwicklung der Anti-Baby-Pille maßgeblich beteiligt war, meint hierzu:

> Kleidung, die die Innentemperatur der Hoden, die mindestens 1 Grad Celsius unter der (normalen) Körpertemperatur liegt, auch nur geringfügig verändert, hat eine bedeutende Verminderung der Samenbildung zur Folge. Tägliches Tragen enganliegender Suspensorien aus dichtem Gewebe führen innerhalb von 4 Wochen zur Zeugungsunfähigkeit ... Verzichtet man auf solche Klei-

dungsstücke, arbeitet die Samenbildung nach weiteren 3 Wochen wieder normal. Wendet man ½ Stunde täglich eine Eispackung im Hodenbereich an, kann die Samenbildung bei Männern mit mäßiger Oligospermie (geringer Samenmenge) um etwa 10 Prozent gesteigert werden, und es kommt möglicherweise zur langersehnten Schwangerschaft.

Wenden Sie aber keine Eispackungen an, ohne Ihren Arzt hinzuzuziehen. Verzichten Sie erst einmal auf enganliegende Unterhosen oder sonstige Kleidung, die eine Verringerung der Samenbildung zur Folge haben kann. (Obwohl verminderte Samenbildung nach Dr. Shettles' Erkenntnissen die Zeugung eines Mädchens begünstigen kann, sollten Sie enganliegende Kleidung nicht als Mittel zur Zeugung eines Mädchens einsetzen. Weitere Einzelheiten finden Sie in den Kapiteln »Wie Sie einen Jungen zeugen« und »Wie Sie ein Mädchen zeugen«.)

Kann die Tätigkeit oder Umgebung am Arbeitsplatz einen Einfluß auf das Geschlecht der Kinder haben?
Jeder Faktor, der zu einer Verminderung der Samenbildung führt, einschließlich Hitze, giftige Chemikalien oder starke psychische Belastung, kann die Zeugung eines Kindes beliebigen Geschlechts erschweren, vor allem aber die Zeugung eines Jungen. Die kleineren und weniger widerstandsfähigeren Spermien fallen solchen Belastungen als erste zum Opfer.

Führt Geschlechtswahl nicht zu einem weltweiten Übergewicht an Männern?
Außerordentlich zuverlässige Untersuchungen haben gezeigt, daß diese immer wieder geäußerte Befürchtung grundlos ist. Lesen Sie hierzu das Kapitel »Kann Geschlechtswahl in jedem Fall angewandt werden?«.

Nachwort:
Geschlechtswahl in der nahen und fernen Zukunft

In vielen Zuschriften werden wir gefragt: »Was ist als nächstes von der Geschlechtswahl zu erwarten? Wird es bald eine hundertprozentige erfolgreiche Methode geben?«

Für die unmittelbare Zukunft, also etwa die kommenden 10 Jahre, ist wohl kaum mit einer Veränderung zu rechnen. Bessere Methoden der Samentrennung werden es den Ärzten ermöglichen, die bereits üblichen Verfahren noch etwas wirksamer zu machen – das gilt allerdings nur für Methoden der künstlichen Befruchtung.

Dieses Buch hat die Verfahren der Samentrennung vorgestellt, mit denen zwar eine hohe Konzentration »männlicher« Samen, nicht aber »weiblicher« Samenzellen, erreicht werden kann. Man geht davon aus, daß in etwa 80 Prozent der durch künstliche Befruchtungen herbeigeführten Schwangerschaften Jungen geboren werden. Diese Erfolgsrate ist nicht höher als jene, die Dr. Shettles und andere, die seine Methode angewendet haben, angeben – die Shettles-Methode erfordert jedoch keine künstliche Befruchtung.

Es sei nochmals daran erinnert, daß künstliche Befruchtung auch ohne die zusätzliche Maßnahme der Samentrennung noch zu wesentlich mehr Jungen als Mädchen führt. Die Ursache dafür ist, daß bei künstlicher Befruchtung darauf geachtet wird, daß sie dem Eisprung so nahe als möglich kommt. Dr.

Shettles hat herausgefunden, daß sich die Geburtsquote für Jungen von 80 – 85 auf 90 Prozent steigern läßt, wenn künstliche Befruchtung mit einigen Elementen seiner Methode kombiniert werden. Er verwendet einen bestimmten Teil der Samenflüssigkeit (und zwar den ersten Ausstoß der ejakulierten Samenflüssigkeit, der einen besonders hohen Spermienanteil enthält) und mischt diesen mit stark alkalihaltigen, endozervikalen Sekreten (also Absonderungen der Gebärmutterhalsdrüsen). Diese Mischung wird dann zum im Labor gesicherten Ovulationszeitpunkt unmittelbar in den Muttermund gegeben.

Bei einem Versuch zu dieser Methode brachten 19 der 22 auf diese Weise befruchteten Frauen *beim ersten Versuch* einen Jungen zur Welt – das bedeutet eine Erfolgsquote von 90 Prozent. Dieses Ergebnis ist deshalb auffallend, weil viele Ärzte, die künstliche Befruchtung durchführen, die Erfahrung machen, daß viele Frauen auch nach zwei, drei oder sogar mehr Versuchen nicht schwanger werden. Aber selbst angesichts solcher Ergebnisse ist Dr. Shettles der Ansicht, daß der mit künstlicher Befruchtung verbundene Aufwand an Zeit, Geld und Strapazen zum Zweck der Geschlechtswahl in den seltensten Fällen lohnt. Die mit der normalen Shettles-Methode erzielten Ergebnisse sind beinahe ebenso gut.

Einige Wissenschaftler haben in der jüngsten Vergangenheit über Verfahren berichtet, die eine Konzentration »*weiblicher*« Samenzellen erlauben, wenn auch noch auf experimenteller Ebene. Dr. B. C. Bhattacharya hat sich für dieses Trennungsverfahren die unterschiedliche elektrische Ladung an der Oberfläche der beiden Spermientypen zunutze gemacht. In Kammern mit entgegengesetzt geladenen elektrischen Polen bewegen sich die »männlichen« Spermien (die bekanntermaßen leicht negativ geladen sind) auf den positiv geladenen Pol zu (Anziehung entgegengesetzter Ladungen), während die positiv geladenen »weiblichen« Spermien zum negativen Pol hinstreben. Diese Methode soll bei beiden Spermientypen Konzentrationen von 75–80 Prozent erzielen können.

Eine andere Methode, die noch experimentell erprobt wird,

bedient sich einer genetischen Markierung (Antigen), die auf der Oberfläche des »männlichen« Spermiums deutlicher erkennbar ist als auf der des »weiblichen«. Das Antigen an der Oberfläche kann mit Zellulosetröpfchen eine Verbindung eingehen, wodurch die beiden Spermienarten leicht getrennt werden können. Da sich die »weiblichen« Samenzellen nicht mit den Zellulosetröpfchen verbinden, können sie ohne weiteres das Gefäß, in dem die Trennung stattfindet, verlassen. Mit diesem Verfahren sollen Konzentrationen von 92 Prozent möglich sein.

Ob diese noch im experimentellen Stadium befindlichen Methoden tatsächlich wirksam und sicher sind, muß erst noch – wahrscheinlich in Tierversuchen – geprüft werden, ehe sie überhaupt bei Menschen angewandt werden können. Warten Sie nicht darauf, bis diese Trennungsverfahren in etlichen Jahren der Öffentlichkeit zugänglich gemacht werden. Eines Tages wird es sicher soweit sein, daß diese oder andere Methoden ausgereift genug sind. Doch auch dann wird eine »unfehlbare« oder »beinahe unfehlbare« Methode nicht ohne künstliche Befruchtung auskommen.

Was die Entwicklung in der ferneren Zukunft angeht, so hat Dr. E. J. Leibermann, der früher am National Institute of Mealth tätig war, einmal vorhergesagt, daß es eines Tages »ein spezielles Diaphragma für Frauen, das beispielsweise nur Spermien mit männlichen Geschlechtschromosomen durchläßt und Spermien mit weiblichen Geschlechtschromosomen zurückhält«, geben werde. Vor einigen Jahren berichtete Dr. Shettles im *Journal of Urology* tatsächlich über von ihm entwickelte Filter, die »männliche« Samenzellen durchließen und den größten Teil »weiblicher« Spermien zurückhielten. Die Größenunterschiede zwischen den beiden Spermientypen sind jedoch sehr gering, und es kommt erschwerend hinzu, daß sie von Mann zu Mann variieren. Dennoch ist das Filtrieren von Samenzellen nach wie vor eine Möglichkeit zur Spermientrennung, wobei Dr. Shettles ein chemisches Filterverfahren für vielversprechender als ein mechanisches hält.

Damals noch in seiner Eigenschaft als Leiter der School of Biological Sciences der Universität Sydney (Australien), sagte Dr. Charles Birch voraus, daß eines Tages Präparate in Form von Pillen entwickelt werden würden, mit denen das Geschlecht im voraus bestimmt werden könne. Wünschte man sich einen Sohn, nähme der Mann einfach kurz vor dem Geschlechtsverkehr eine »Kleine-Jungen-Pille«, wäre das Wunschkind ein Mädchen, eine »Kleine-Mädchen-Pille«. Bedenkt man, was mit Hilfe so gewöhnlicher Mittel wie Essig, Soda und Koffein erreicht werden kann, scheint diese Vorstellung gar nicht so weit hergeholt.

Im Jahre 1980 fanden Wissenschaftler heraus, daß Frauen, die das fruchtbarkeitsfördernde Präparat Clomid einnahmen, ungewöhnlich viele Töchter zur Welt brachten. Dr. Shettles hat seinerseits vor einigen Jahren beobachtet, daß Frauen, die Clomid einnehmen, in der Regel stärker säurehaltige Zervikalsekrete aufweisen. Das Präparat fördert den Eisprung, bewirkt aber keine günstigeren Bedingungen für »männliche« Spermien. Nach Dr. Shettles' Bericht scheint Clomid genau die Art von Voraussetzungen zu schaffen, die »weibliche« Spermien begünstigen.

In einem Artikel in *Drug Therapy* (erschienen im Mai 1976) machte Dr. Shettles auf diese Wirkung des Präparats Clomid aufmerksam. Er wies darauf hin, daß diesem Effekt durch Einnahme von Kaliumjodid entgegengewirkt werden könne. Diese Substanz fördert die Bildung von Zervikalsekreten in der Zusammensetzung, wie sie zum Zeitpunkt der Ovulation oder kurz vorher auftreten. Dr. Shettles wendet dieses Präparat bei Frauen an, die sich einen Sohn wünschen, aber aus verschiedensten Gründen außergewöhnlich säurehaltige Sekrete aufweisen. (Kaliumjodid war in der Vergangenheit – und womöglich immer noch – nicht rezeptpflichtig. Dennoch sollte es nicht ohne ärztliche Anweisung eingenommen werden.)

Von mancher Seite wurde vorgeschlagen, Clomid bei Frauen anzuwenden, die sich Töchter wünschten, was Dr. Shettles jedoch für medizinisch nicht verantwortbar hält. Clomid ist ein sehr starkes Präparat, daß sich auf den Hormonhaushalt in Körper und Gehirn auswirkt. Oft hat es eine übermäßige Stimulierung der Eierstöcke zur Folge, so daß mehrere zur Reife gelangen und es zu Mehrlingsgeburten kommt. Mehrlingsgeburten bedeuten sowohl für die Mutter als auch für die Babys ein erhöhtes Risiko. Darüber hinaus sind die meisten Paare finanziell nicht auf eine Mehrlingsgeburt eingestellt. Da Clomid die Empfängnis einer Tochter keinesfalls garantieren kann, kann es geschehen, daß statt dessen 2, 3 oder gar mehr Söhne zur Welt kommen, und zwar gleichzeitig. Die Erkenntnisse über die Wirkungsweise von Clomid sind dennoch sehr aufschlußreich, da sie Dr. Shettles' Behauptung stützen, derzufolge ein saures Milieu in den weiblichen Fortpflanzungsorganen dazu beitragen kann, das Geschlecht des Kindes zu »wählen«.

Es ist denkbar, daß sich die Geschlechtswahl in der ferneren Zukunft einiger ungewöhnlicher Hilfsmittel bedienen wird. In Tierversuchen wurden bereits Laserstrahlen zur Unterscheidung der beiden Spermientypen getestet. Behandelt man die Zellkerne der Spermien mit speziellen chemischen Substanzen, leuchten sie auf, wenn der Laserstrahl auf sie trifft. Da die Spermientypen eine unterschiedliche Menge an genetischem Material aufweisen, leuchten sie auch unterschiedlich stark auf, je nachdem, ob der Laserstrahl auf eine »männliche« oder »weibliche« Samenzelle trifft. Lichtmeßgeräte können die Stärke des Aufleuchtens der vorbeischwimmenden Samenzellen messen, während Computer die Anzahl der jeweiligen Samen zählen und sie nach Typus unterscheiden. Irgendwann wird es dann vielleicht möglich sein, dieses Verfahren durch andere neue Methoden zu ergänzen, die Spermien je nachdem, ob ihre Lichtstärke »Mädchen« oder »Jungen« signalisiert, in unterschiedliche Richtungen zu befördern.

Eines Tages wird vielleicht auch die Gentechnologie für die Geschlechtswahl genutzt werden. Ei- und Samenzellen könnten unmittelbar so beeinflußt werden, daß sie das gewünschte Geschlecht erzeugen. Durch »Lesen« des Genmaterials könnte man auf die individuellen Chancen eines Menschen für die Zeugung von Kindern eines bestimmten Geschlechts schließen. Auf dieselbe Weise könnte man feststellen, mit welcher Wahrscheinlichkeit ein bestimmtes Paar Jungen und/oder Mädchen zeugen würde. Wissenschaftler haben bereits ein bestimmtes genetisches Merkmal gefunden, daß sich im Blut isolieren läßt und Aufschluß darüber geben kann, ob eventuell eine besonders hohe Zeugungsfähigkeit für Jungen vorliegt. (Bestürmen Sie nicht Ihren Hausarzt, diesen Test an Ihnen vorzunehmen – bisher ist dieser Test noch kaum erhältlich und wenn, wird er zu anderen Zwecken eingesetzt.)

Irgendwann wird es vielleicht auch möglich werden, bestimmte Bestandteile dem Genmaterial hinzuzufügen – oder auch daraus zu entfernen –, so daß Paare auf Wunsch nur noch Kinder eines Geschlechts zeugen können, zumindest so lange, bis sie eine neuerliche »Korrektur« verlangen. Solche Eingriffe könnten nicht nur vorgenommen werden, um das Geschlecht des Kindes, sondern auch beispielsweise Augen-, Haar- und Hautfarbe im voraus zu bestimmen. Vielleicht entscheiden wir uns aber auch dafür, solche Entwicklungen gar nicht erst zuzulassen. In jedem Fall wird es noch viele, viele Jahre dauern, ehe solche Genmanipulationen möglich sind.

Wie die kommende Entwicklung auch immer aussehen wird – wir hoffen, daß Eltern niemals nur deshalb Kinder zeugen, weil sie sich ein Kind eines bestimmten Geschlechts wünschen, sondern weil sie sich Kinder als solche wünschen und sie auch lieben, gleichgültig, welchen Geschlechts.

Sachregister

Autogenes Training zum Wohl der Gesundheit.	*Die Wechseljahre: Keine Krankheit, sondern eine Lebensstufe.*	*Sich selbst massieren – kein Problem.*	*Box dich fit!*

Gisela Eberlein
Gesund durch Autogenes Training
ECON Ratgeber

P. van Keep/L. Jaszmann
Die Wechseljahre der Frau
ECON Ratgeber

Chris Stadtlaender
Selbstmassage
Gesund und schön durch eigene Kraft
ECON Ratgeber

Cornelia Dunkel / H. Schulz
Boxgymnastik für Frauen
Das neue Fitneßprogramm für den ganzen Körper
ECON Ratgeber

Eberlein, Gisela
Gesund durch Autogenes Training
132 Seiten
6 Zeichnungen
7,80 DM
ISBN 3-612-20141-7
ETB 20141

van Keep, Pieter A./ Jaszmann, Laszlo
Die Wechseljahre der Frau
139 Seiten
6 Zeichnungen
6,80 DM
ISBN 3-612-20013-5
ETB 20013

Stadtlaender, Chris
Selbstmassage
– Gesund und schön durch eigene Kraft –
Originalausgabe
160 Seiten
29 Zeichnungen
8,80 DM
ISBN 3-612-20067-4
ETB 20067

Dunkel, C./Schulz, H.
Boxgymnastik für Frauen
Das neue Fitneßprogramm für den ganzen Körper
Originalausgabe
112 Seiten, 102 Fotos
8,80 DM
ISBN 3-612-20149-2
ETB 20149

Das Buch
Alltagsstreß, nervöse Störungen an Herz, Kreislauf, Magen und Darm können durch Autogenes Training behoben werden. Auch bei Schlafstörungen, depressiven Verstimmungen und Angstzuständen hilft Autogenes Training. Die Autorin zeigt anhand von eindrucksvollen Beispielen aus ihrer Praxis, welche Erfolge sie mit Autogenem Training erzielte, und sie gibt konkrete Anleitungen, wie das Autogene Training von jedermann angewandt werden kann. Dies ist ein Ratgeber für alle, die sich geistig und körperlich fit halten wollen.

Die Autorin
Dr. med. Gisela Eberlein unterrichtet in eigener Praxis Autogenes Training und leitet außerdem Kurse und Seminare an einer Volkshochschule sowie in Arbeitsgemeinschaften.

Das Buch
Der Übergang von der fruchtbaren in die nächste Lebensperiode ist für Körper und Psyche der Frau mit einschneidenden Veränderungen verbunden. Neben den rein hormonellen Umstellungen des Körpers und Nebenerscheinungen, wie Hitzewallungen, verbunden mit akuten Schweißausbrüchen, Schilddrüsenstörungen, rheumatischen Gelenkveränderungen, hat die Frau häufig mit psychischen Beschwerden, wie Depressionen und starken Schwankungen im Gefühlsleben, zu kämpfen. Dieses Buch zeigt, wie jede Frau diese Beschwerden erfolgreich durch die bewußte Auseinandersetzung mit dieser Lebensphase angehen kann.

Die Autoren
P. A. van Keep und L. Jaszmann, Gynäkologen, haben in diesem Buch wissenschaftlich fundierte Erfahrungen aus der klinischen Arbeit mit Frauen im Klimakterium zusammengestellt.

Das Buch
Schon die alten Griechen und Römer wußten um den gesundheits- und schönheitsfördernden Wert der Massage, der bis heute feststeht. Massagen sind teuer, auf Krankenschein kann man sich nur bei Krankheit und bei degenerativen Leiden massieren lassen. Um gesund und schön zu bleiben, kann man sich aber auch selbst massieren, wie, das zeigt die Autorin. Nach einer Einführung in die Geschichte der Massage, einer Erläuterung der Heil-, Sport- und Schönheitsmassagen, der Vorsichtsmaßnahmen bei Schmerzen, Entzündungen und Krampfadern beschreibt sie, wie man sich von Kopf bis Fuß selbst massieren kann, welche Griffe man kennen muß und welche selbst hergestellten Kräuteröle man verwenden kann.

Die Autorin
Chris Stadtlaender ist Fachjournalistin für Medizin und Kosmetik. Sie lebt in Wien.

Das Buch
Bei dieser neuen Gymnastikart kämpfen nicht Frauen gegen Frauen, sondern es ist eine Sportart, die den Körper besser trainiert als Aerobic und Jogging zusammen. Es ist außerdem ein Anti-Aggressions-Programm, das Streß und Ärger abbaut. Die Autorin beschreibt, welche Geräte und Kleidung benötigt werden, wie hoch der finanzielle Aufwand ist und gibt in ausführlichen Schritt-für-Schritt-Übungen zahlreiche Hinweise für richtiges Training, damit die ideale Figur erreicht werden kann.

Die Autorin
Cornelia Dunkel ist seit vielen Jahren Gymnastik- und Sportlehrerin und hat das Box-Training in ihr Lehrprogramm aufgenommen.

Erste Hilfe für Kinder.	*Mehr Spaß am Lernen – Mehr Zeit zum Spielen.*	*Die Ängste unserer Kinder.*	*Damit der Kindergeburtstag wirklich gelingt.*

Diagram
Soforthilfe für mein Kind
Bei Unfällen und Krankheiten
ECON Ratgeber

Günther Beyer
So lernen Schüler leichter
Gedächtnis- und Konzentrationstraining
ECON Ratgeber

Gisela Eberlein
Ängste gesunder Kinder
Praktische Hilfe bei Lernstörungen
ECON Ratgeber

Isolde Kiskalt
Wir feiern eine Kinderparty
Spiele, Rezepte, Zaubereien für 4- bis 10jährige
ECON Ratgeber

Diagram
Soforthilfe für mein Kind
Bei Unfällen und Krankheiten
128 Seiten
200 Zeichnungen
7,80 DM
ISBN 3-612-20115-8
ETB 20115

Das Buch
Wie wäscht man eine Wunde aus? Wie behandelt man Verbrennungen? Wie wird ein Finger verbunden? Was macht man bei Knochenbrüchen? Wie entfernt man einen Splitter? Was gehört in den Erste-Hilfe-Schrank? Was macht man bei Hautinfektionen?
Auf diese und viele andere Fragen gibt das Buch klare Antworten, erklärt durch über 200 Zeichnungen. Es sagt den Eltern, wie sie sich bei Kinderkrankheiten und anderen kindlichen Problemen verhalten sollen, bei Blinddarmreizung und Ohrinfektionen, bei Schock und in vielen anderen Fällen. Dieses Buch wurde in Zusammenarbeit mit dem Deutschen Roten Kreuz erstellt und ist Begleitbuch in einer ZDF-Fernsehreihe.

Beyer, Günther
So lernen Schüler leichter
– Gedächtnis- und Konzentrationstraining –
128 Seiten, 92 Zeichnungen, 49 Übungen
6,80 DM
ISBN 3-612-20001-1
ETB 20001

Das Buch
Mangelhafte Konzentrationsfähigkeit und schlechtes Gedächtnis sind oft die Ursachen für ungenügende Leistungen in der Schule. Dieses Buch schafft Abhilfe: Kinder zwischen 8 und 15 Jahren erfahren, wie sie mit einfachen Lerntechniken ihr Gedächtnis schulen und ihre Konzentrationsfähigkeit erhöhen können, um besser zu werden, Spaß am schnellen Lernen zu finden und damit mehr Zeit zum Spielen zu haben.
Übungen und Kontrolltests helfen, Können und Leistungen zu steigern.

Der Autor
Günther Beyer ist Gründer des Eltern-Schüler-Förderkreises Nordrhein-Westfalen. Er leitet ein eigenes Institut für Creatives Lernen.
Im ECON-Verlag erschienen seine Ratgeber „Creatives Lernen", „Gedächtnis- und Konzentrationstraining" und „Superwissen durch Alpha-Training".

Eberlein, Gisela
Ängste gesunder Kinder
– Praktische Hilfe bei Lernstörungen –
158 Seiten
7,80 DM
ISBN 3-612-20010-0
ETB 20010

Das Buch
Jedes Kind kämpft mit unbewußten Ängsten, die es in irgendeiner Form hindern, zwanglos fröhlich, aktiv und spontan zu sein. Nervosität, Schlafstörungen, Kontaktschwierigkeiten, ja sogar Asthma, Stottern, Bettnässen sind Folgen dieser Ängste, die durch gezielt angewendete psychologische und pädagogische Entspannungsübungen behoben werden können. Wie, das zeigt dies Buch.

Die Autorin
Dr. med. Gisela Eberlein lehrt in eigener Praxis, in Seminaren und Arbeitsgemeinschaften autogenes Training. Besonders bei Kindern erzielte sie über psychologisch und pädagogisch fundierte Entspannungsmethoden große Erfolge.

Kiskalt, Isolde
Wir feiern eine Kinderparty
Spiele, Rezepte, Zaubereien für 4- bis 10jährige
Originalausgabe
128 Seiten
86 Zeichnungen
7,80 DM
ISBN 3-612-20102-6
ETB 20102

Das Buch
Wichtig für eine Kinderparty ist die richtige Vorbereitung. Essen und Trinken, Spiele und Gewinne müssen geplant werden. Dazu findet man in diesem Buch zahlreiche Anregungen und Vorschläge.

Aus dem Inhalt
Vorbereitungen zur Party · Rezepte für Kindergetänke, Gebäck und kleines kaltes Büffett · Bekannte und weniger bekannte Spiele (mit Altersangabe) · Kleine Zaubereien für die Erwachsenen · Zum Ausklang des Festes: eine Tombola.

Die Autorin
Isolde Kiskalt ist Schriftstellerin und bringt hier ihre Erfahrungen, die sie bei Festen für ihre Tochter gewonnen hat.

Naturheil-methoden und heimliche Krankmacher.	*Biomedizin – die natürliche Alternative.*	*Nie mehr Verstopfung.*	*Krankheiten erkennen und selbst behandeln.*

Maximilian Alexander
Die (un)heimlichen Krankmacher
Vorbeugen, erkennen, heilen

ECON Ratgeber

Maximilian Alexander
Eugen Zoubek
Schmerzfrei durch Biomedizin
Neue Naturheilmethoden

ECON Ratgeber

Gerhard Leibold
Gesund und fit durch Ballaststoffe

ECON Ratgeber

Alfred Bierach
Reflexzonen-therapie
Krankheiten erkennen und selbst behandeln

ECON Ratgeber

Alexander, Maximilian
Die (un)heimlichen Krankmacher
– Erkennen, Heilen, Vorbeugen –
Originalausgabe
144 Seiten
9,80 DM
ISBN 3-612-20039-9
ETB 20039

Alexander, Maximilian/Zoubek, Eugen
Schmerzfrei durch Biomedizin
– Neue Naturheilmethoden –
143 Seiten
6,80 DM
ISBN 3-612-20000-3
ETB 20000

Leibold, Gerhard
Gesund und fit durch Ballaststoffe
Originalausgabe
140 Seiten
5 Zeichnungen
7,80 DM
ISBN 3-612-20082-8
ETB 20082

Bierach, Alfred
Reflexzonentherapie
– Krankheiten erkennen und selbst behandeln –
123 Seiten
89 Zeichnungen
46 Fotos
6,80 DM
ISBN 3-612-20002-X
ETB 20002

Das Buch
Die verborgenen Krankheitsursachen sind das große Handicap der konservativen Schulmedizin, die Krankheitssymptome werden mit höchst bedenklichen Mitteln der Chemie unterdrückt.
Die moderne Naturmedizin aber geht auf den Menschen als Ganzes ein und hilft, Störfelder, vergiftete Stoffwechsellagen, Wirbelsäulenveränderungen, nervale Blockaden, Lymphstauungen, Psychotoxine, Blutdruck, Durchblutungsstörungen, Sauerstoffmangel, Allergien, Wetterfühligkeit und Therapieschäden zu normalisieren. Ein Krankheits- und Heilmittelregister schließt das Buch ab.

Der Autor
Maximilian Alexander arbeitet seit vielen Jahren als freier Journalist und Schriftsteller. Seine Spezialgebiete sind Medizin und Naturheilkunde.

Das Buch
Akute und chronische Schmerzzustände sind das Schicksal vieler Menschen und können oft einen Lebensweg beeinflussen und prägen. Die Biomedizin bietet eine natürliche Alternative zu den herkömmlichen Schmerzmitteln.
Wirksame Präparate, auf rein biologischer Basis hergestellt, helfen Schmerzen ohne schädliche Nebenwirkungen überwinden, mobilisieren Eigenkräfte und setzen einen natürlichen Heilungsprozeß in Gang. Anhand zahlreicher Praxisbeispiele zeigen die Autoren, mit welchen Mitteln der modernen Naturmedizin der Mensch Krankheiten und Schmerzen vorbeugen und sich selbst erfolgreich behandeln kann.

Die Autoren
Maximilian Alexander arbeitet seit vielen Jahren als freier Journalist und Schriftsteller. Seine Spezialgebiete sind Medizin und Naturheilkunde. Eugen Zoubek ist Homöopath und Arzt.

Das Buch
Ballaststoffe sind wichtige Bestandteile der menschlichen Nahrung. Der Autor schildert die Notwendigkeit der Verwendung und die Gefahren für die Gesundheit bei Mangel an Ballaststoffen.

Aus dem Inhalt
Was sind Ballaststoffe? · Natürliche Ballaststoffquellen · Stuhlgang ohne Probleme · Regulierung der Blutfett- und Blutzuckerwerte · Vorbeugung von Krebskrankheiten · Krank durch Ballaststoffmangel · Richtige Ernährung · Rezepte für ballaststoffreiche Ernährung.

Der Autor
Gerhard Leibold ist erfahrener Heilpraktiker und Autor zahlreicher Sachbücher.

Das Buch
Geistige Anspannung und körperliche Verkrampfung führen oft zu Verhärtung oder Knötchen, da von den inneren Organen Reflexbahnen zur Körperdecke laufen, die diese verändern. Durch Reflexzonenmassage kann man über bestimmte Gebiete der Körperdecke auf innere Organe einwirken, Schmerz lindern oder heilen.
Die exakte Bebilderung in diesem Buch zeigt, welche Körperzonen bei welchen Erkrankungen behandelt werden sollen.

Der Autor
Alfred Bierach leitet eine eigene Praxis für Psychotherapie und Naturheilkunde am Bodensee. Seit Jahren wendet er Reflexzonenmassage erfolgreich an.

AIDS wurde zum Schrecken der Welt.

Jeder 5. Deutsche reagiert allergisch.

Rheuma: Die Geißel Nummer 1.

Jede dritte Frau leidet unter Orangenhaut.

Karl Heinz Reger
Petra Haimhausen

AIDS

Die neue Seuche des 20. Jahrhunderts

ECON Ratgeber

Wolf Ulrich

Allergien sind heilbar

Hilfe bei Heuschnupfen und anderen allergischen Krankheiten

ECON Ratgeber

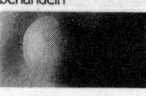

Maximilian Alexander

Rheuma ist heilbar

Neueste Naturheilmethoden

ECON Ratgeber

Wolf Ulrich

Zellulitis ist heilbar

Orangenhaut – vorbeugen und selbst behandeln

ECON Ratgeber

Reger, Karl Heinz/
Haimhausen, Petra
AIDS
– Die neue Seuche
des 20. Jahrhunderts –
134 Seiten
8,80 DM
ISBN 3-612-20084-4
ETB 20084

Ulrich, Wolf
*Allergien
sind heilbar*
– Hilfe bei Heuschnupfen und anderen allergischen Krankheiten –
159 Seiten
14 Zeichnungen
8,80 DM
ISBN 3-612-20023-2
ETB 20023

Alexander, Maximilian
Rheuma ist heilbar
– Neueste Naturheilmethoden –
142 Seiten
7,80 DM
ISBN 3-612-20017-8
ETB 20017

Ulrich, Wolf
Zellulitis ist heilbar
– Orangenhaut vorbeugen und selbst behandeln –
128 Seiten
51 Fotos
6,80 DM
ISBN 3-612-20012-7
ETB 20012

Das Buch
Dieses Buch soll Aufklärung schaffen, es offenbart alles, was heute über diese verhängnisvolle Krankheit und ihre Entstehung bekannt ist.

Aus dem Inhalt
Fünf Schicksale, die am Beginn einer neuen Epidemie stehen · So kann AIDS entstehen · Wie AIDS in den Körper gelangt · Krankheitserreger, die für AIDS-Kranke tödlich sein können · Was Ärzte heute gegen AIDS tun können · Wie AIDS-Gefährdete sich schützen können.

Die Autoren
Karl Heinz Reger ist Journalist und Sachbuchautor medizinischer Themen.
Dr. med. Petra Haimhausen ist Ärztin.

Das Buch
Tränende Augen, Schnupfnase, geschwollene Schleimhäute oder absinkender Blutdruck sind typische Symptome für Allergien, die ausgelöst werden können durch Pilzsporen oder Pollen, durch Medikamente, Mehl, verschiedene Fasern, Milch, Obst, Fisch oder Eier. Beschrieben wird, welche Krankheitsbilder mit welchen Symptomen allergisch bedingt sind, welche Diagnosemethoden es gibt, welche Vor- und Nachteile sie haben und wie Allergien behandelt werden können.

Der Autor
Dr. med. Wolf Ulrich ist Medizinjournalist und Verfasser anderer Bücher. Im ECON-Verlag erschienen seine Ratgeber „Schmerzfrei durch Akupressur und Akupunktur", „Zellulitis ist heilbar" und „Haare pflegen und erhalten".

Das Buch
Mindestens vier Prozent der Menschheit ist an Rheuma erkrankt. Die herkömmliche Medizin hat diese Krankheit mit ihren verheerenden Folgen für Patient, Staat und Volkswirtschaft nicht in den Griff bekommen können.
In diesem Buch werden hochwirksame Naturheilmethoden gegen den gesamten Rheumakomplex dargestellt. Bei konsequenter Anwendung kann mit Naturheilmitteln dieses Leiden gelindert werden, eine neue Hoffnung besteht zurecht.

Der Autor
Maximilian Alexander arbeitet seit vielen Jahren als Medizin-Journalist.

Das Buch
Zellulitis ist heilbar! Der Autor erklärt, wie Zellulitis entsteht, und schildert, wie man Zellulitis erfolgreich vorbeugen kann und sie heilt. Er entwickelte ein mehrstufiges Anti-Zellulitis-Programm, mit dem er durch Lebensführung, richtige Ernährung, Sport und Gymnastik, Massage, Medikamente und viel Geduld in zehn Wochen diese häßliche Krankheit heilen kann. 51 Fotos erläutern sein Programm und erleichtern dem Leser, es alleine durchzuführen.

Der Autor
Dr. med. Wolf Ulrich ist Facharzt für Hautkrankheiten.

Bewußter leben und erleben.	Der Weg zum inneren Reich.	Wir sind alle auf demselben Weg.	Schlank im Schlaf.

Marie-Luise Stangl
Jede Minute sinnvoll leben
Vertrauen zu sich selbst gewinnen

ECON Ratgeber

Bernhard Müller-Elmau
Kräfte aus der Stille
Die transzendentale Meditation

ECON Ratgeber

Marie-Luise Stangl
Die Welt der Chakren
Praktische Übungen zur Seins-Erfahrung

ECON Ratgeber

Alfred Bierach
Schlank im Schlaf durch vertiefte Entspannung
Die SIS-Methode

ECON Ratgeber

Stangl, Marie-Luise
Jede Minute sinnvoll leben
– Vertrauen zu sich selbst gewinnen –
123 Seiten
5,80 DM
ISBN 3-612-20015-1
ETB 20015

Müller-Elmau, Bernhard
Kräfte aus der Stille
– Die transzendentale Meditation –
191 Seiten
7,80 DM
ISBN 3-612-20021-6
ETB 20021

Stangl, Marie-Luise
Die Welt der Chakren
– Praktische Übungen zur Seins-Erfahrung –
Originalausgabe
107 Seiten
49 Zeichnungen
5,80 DM
ISBN 3-612-20022-4
ETB 20022

Bierach, Alfred
Schlank im Schlaf durch vertiefte Entspannung
– Die SIS-Methode –
144 Seiten, 1 Grafik
6,80 DM
ISBN 3-612-20006-9
ETB 20008

Das Buch
Eine der besten Kennerinnen der alten chinesisch-japanischen Weisheiten des Zen-Buddhismus verhilft dem Leser – von der Hausfrau bis hin zum Top-Manager – zu einem neuen Verständnis seiner selbst. Sie beschreibt, wie man durch Bewußtwerdung ganz alltäglicher Tätigkeiten und Verrichtungen – wie Gehen, Stehen, Laufen, Essen, Arbeiten – sein Leben und seine Persönlichkeit eindringlicher und bejahender erlebt und erfaßt, wie man sich aus Angst, Zerrissenheit, Selbstentfremdung und aus innerer Einsamkeit löst und dadurch neue Lebenskraft schöpft.

Die Autorin
Marie-Luise Stangl leitet im Odenwald, zusammen mit ihrem Mann Dr. Anton Stangl, seit vielen Jahren Seminare zur Persönlichkeitsbildung durch Entspannungstechniken.

Das Buch
Ohne Bewußtsein könnten wir nichts von unserem Dasein als Mensch wissen. Transzendentale Meditation führt den Menschen wieder in die Bereiche des Seelisch-Geistigen zurück und erschließt ihm sein inneres Reich und ein Bewußtsein, in dem Liebe, Glück und Würde ihren angestammten Platz einnehmen können.

Der Autor
Bernhard Müller-Elmau leitet Schloß Elmau am Wetterstein, das sein Vater als Stätte geistiger Erholung geschaffen hat. Er beschäftigt sich seit vielen Jahren mit Transzendentaler Meditation. Während eines Studienaufenthaltes in Indien traf er Maharishi Mahesh Yogi, der dies erste deutsche Buch über Transzendentale Meditation gut geheißen hat.

Das Buch
Die Lehre von den Chakren – eine indische Lehre – handelt von den menschlichen Kraftzentren, den Zentren, in denen der Mensch die Schwingungen seiner Lebensenergie oder Lebenskraft aus dem Kosmos, der unmerklichen Quelle seines Seins aufnimmt. Dieses Buch soll dem Leser helfen, bewußter zu leben, sein Denken und Fühlen im Hier und Jetzt zu zentrieren, sich zu entspannen, Zuversicht, Vertrauen, Frieden und Liebe zu finden.

Die Autorin
Marie-Luise Stangl ist Entspannungspädagogin. Sie leitet seit vielen Jahren, zusammen mit ihrem Mann Dr. Anton Stangl, Seminare zur Selbsterfahrung und Selbstverwirklichung durch Eutonie und Zen.

Das Buch
Durch vertiefte Entspannung im Schlaf schlank werden, dies ist eine neue Methode, die all jenen zu empfehlen ist, die ohne Mühe schlank werden und endlich wieder ihr Normalgewicht erreichen wollen. Im Zustand tiefster Entspannung suggeriert der Mensch seinem Unterbewußtsein ein verändertes Ernährungsprinzip und kann so bei Bewußtsein mühelos den neuen Weg einhalten. Eine wissenschaftliche und praxiserprobte Methode, die in psychosomatischen Kliniken angewandt wird.

Der Autor
Dr. Alfred Bierach, Psychotherapeut und Naturheilkundler, ist in eigener Praxis am Bodensee tätig. Mit der SIS-Methode hat er vielen Patienten geholfen, schlank zu werden.